EL LIBRO
DE CARAVIA

EL LIBRO DE CARAVIA

Aurelio de Llano Roza de Ampudia y de Valle

Edición facsímil

REAL INSTITUTO DE ESTUDIOS ASTURIANOS

OVIEDO- 2024

© de la edición: Real Instituto de Estudios Asturianos (RIDEA)

Plaza de Porlier, 9 - 1ª planta
33003 Oviedo
Teléfono 984 18 28 01
Correo electrónico: ridea@asturias.org

Impresión y encuadernación: Gráficas EUJOA
ISBN.: 9788412798067
DL AS 01257-2024

Impreso en España - Printed in Spain

Todos los derechos reservados. No se permite la reproducción total o parcial de este libro, ni su incorporación a un sistema informático, ni su transmisión en cualquier forma y por cualquier medio, sea éste electrónico, mecánico, por fotocopia, por grabación u otros métodos, sin permiso previo por escrito de los autores.

NOTA PREVIA A ESTA EDICIÓN FACSÍMIL

Cien años largos hace que en el panorama bibliográfico asturiano aparece una de las obras más clásicas del asturianismo oficial, El Libro de Caravia, de Aurelio de Llano y Roza de Ampudia (Valle, Caravia la Baja, 1868-1936); un compendio de noticias históricas y saberes referidos a este pequeño municipio asturiano, que constituyen una auténtica microhistoria del lugar, narrada con el aplomo, la experiencia y hasta con la emotividad de quien se siente vinculado al territorio porque en el mismo había experimentado sus primeras vivencias de niño, aunque pasados los años y tras la muerte de su padre, se ve obligado a abandonar la vieja casona familiar para establecerse en Oviedo con su madre y hermanas.

Su estrecha relación con Ramón Menéndez Pidal determinó, en cierto modo, su orientación por las investigaciones hacia la arqueología y etnografía regionales y, tal vez, tras los pasos de tan ilustre maestro inmortaliza este pequeño municipio de Caravia con este Libro, fruto, en gran medida, de las indagaciones llevadas a cabo entre sus paisanos mayores y un fatigoso y arduo trabajo de campo.

Publicado por primera vez en el año 1919, de inmediato cosechará el beneplácito de los intelectuales de la época, al considerarse una auténtica guía-modelo para aplicar en otras latitudes asturianas y profundizar en el estudio de nuestra historia regional.

Consciente de esta realidad, el Instituto de Estudios Asturianos decide en el año 1982 reeditar tan magna obra por la constante actualidad que mantiene y el consiguiente agotamiento de aquella primera impresión. En semejante trance, de nuevo, el Real Instituto de Estudios Asturianos se ve obligado a llevar a cabo una nueva reedición, que en este caso contará con el patrocinio del Ayuntamiento de Caravia.

La edición facsimilar que, de nuevo, ofrecemos, creemos que cubrirá las expectativas de investigadores y estudiosos, que con frecuencia solicitan la obra de nuestro ilustre paisano; y el Real Instituto de Estudios Asturianos se congratula con esta iniciativa de poder ofrecer, una vez más, su trabajo en pos de la difusión de la historia y la cultura asturiana.

Andrés Martínez Vega,
Subdirector del Real Instituto de Estudios Asturianos

Edición facsímil

EL LIBRO DE CARAVIA

POR

Aurelio de Llano Roza de Ampudia y de Valle

CABALLERO DE LA ORDEN CIVIL DE ALFONSO XII

C. DE LA REAL ACADEMIA DE LA HISTORIA

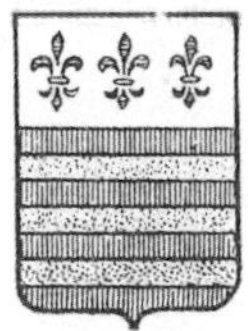

OVIEDO

IMPRENTA GUTENBERG.—COVADONGA, 12

1919

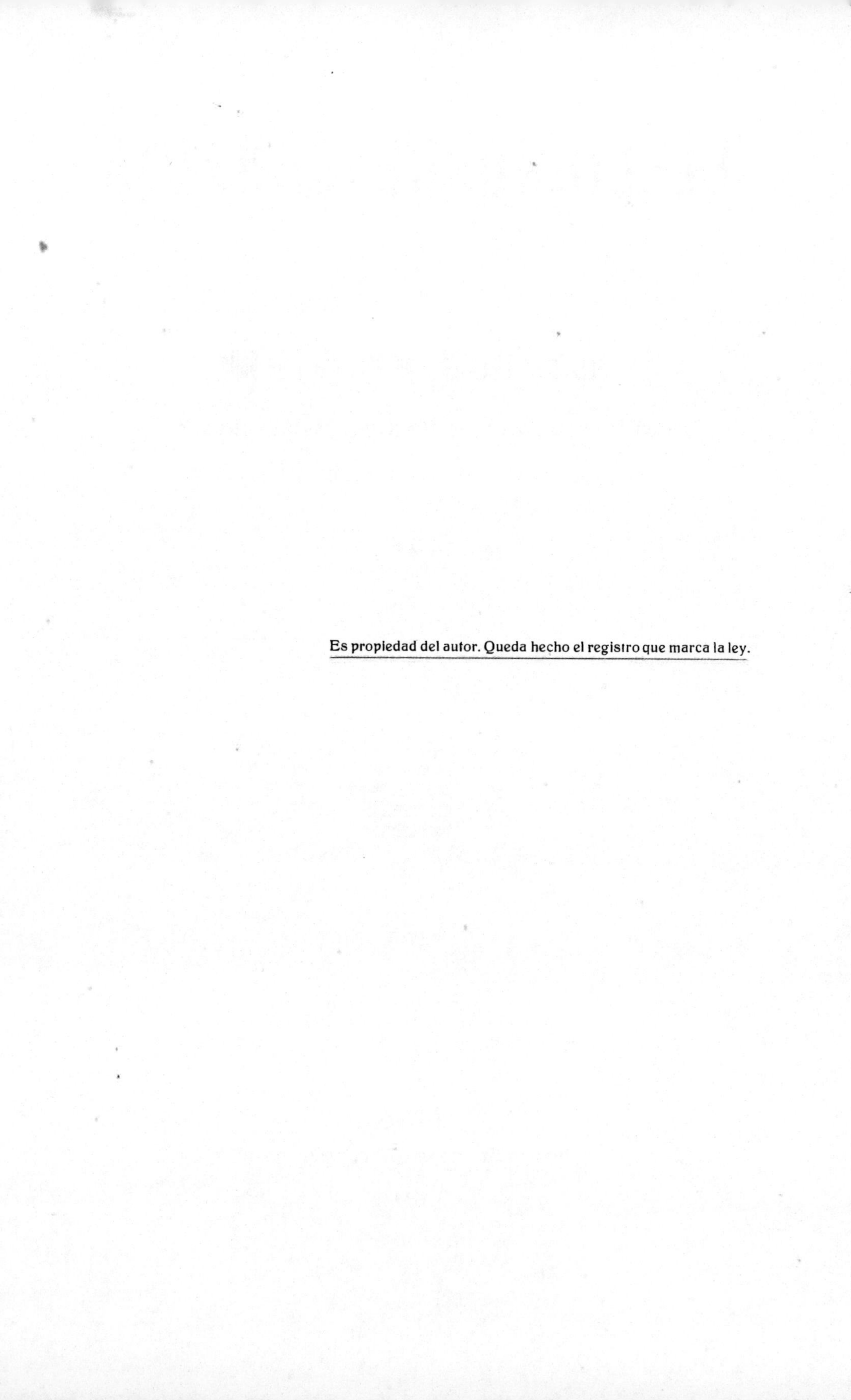
Es propiedad del autor. Queda hecho el registro que marca la ley.

AL LECTOR

Cuando yo era alumno de tercer año de la Escuela de Ayudantes facultativos de Minas y Fábricas metalúrgicas, el estudio de la Geología me hizo pensar con frecuencia en las montañas de mi pueblo y en sus cuevas llenas de misteriosas leyendas. Y entonces formé el propósito de escribir El Libro de Caravia. *Después de varios años de ausencia, una espléndida mañana del mes de Junio de 1917, al riscar el alba, llegué a Caravia, al rinconcito donde nací y se deslizó feliz y tranquila mi primera juventud. En el prado del Otero, sentéme bajo la enramada para disfrutar de aquel ambiente tan agradablemente refrescado.*

Pendientes de las ramas titilaban las gotas de rocío y descomponían en haces de luz multicolores los primeros rayos del sol naciente, y entre las flores que cubrían el prado destacábanse los insectos de vivos reflejos; desde el castañedo de Pozos y desde el bosque del Vallín, llegaba hasta mí el sonido de los esquilones de las vacas y el canto de los pájaros. Y allí cerca, por encima del tejado de mi casona solariega (Fig. 1), veía destacarse el naranjo centenario que tantas veces me cubrió con su sombra y apagó mi sed con su fruta.....

Después recordé con pena el día en que salí en busca de renombre y de fortuna, de aquella casa, centenares de años habitada por mis antepasados..... Y de pronto me pareció ver un féretro, y delante de él una cruz alzada....., y en el portalón ve-

*tusto, un niño de 10 años que lloraba su orfandad....., y enton-
ces murmuré una oración por el alma de mi padre.....*

*Recorrí el pueblo en busca de ancianos que supieran cuentos
de reinas moras y de* xanes, *antiguos cantares y romances viejos.*

*Encontré algunos, pocos ya;—la mucha edad, unida a las
tristezas, habían obscurecido su memoria—y una ancianita, mirando al fondo de su alma, me dijo amargamente:*

*—¡Hace muchos años que no canto!; ¡ahora lloro!; ¡estoy casi
ciega! Yo era la moza que en romerías y danzas jamás agotaba
mis cantares y que para cada copla que me dirigían tenía como
respuesta un gran número de coplas; ¡y ahora no hago más que
llorar!.....*

*Y al conjuro de mi súplica, la viejecita que lloraba tanto,
avivó sus recuerdos, y con voz dulce y temblona que á veces se-
mejaba acariciar musitó un bello romance:*

> Todo lo encontró de luto,
> ventanas y celosías.....

*No descubrí en los archivos y bibliotecas otros datos histó-
ricos referentes a Caravia que aquellos que son comunes a todos
los pueblos de Asturias, y busqué un punto de apoyo en las leyendas, y lo busqué sobre todo, firme y seguro, en el* Pico del
Castro.

*Reconstituí en mi mente las escenas que yo había vivido; vi-
sité la iglesia donde un día del mes de las flores, en compañía de
mi madre, recibí por primera vez el pan Eucarístico; me acerqué
a la escuela donde me enseñaron las primeras letras, y allí, al
lado, contemplé con alegría el campo donde tantas veces trazara
el rayón y el* Deus *para jugar sobre él con la* tángara; *recordé los
barganazos que descargábamos los niños sobre las losas sepul-*

crales del templo para matar a los judíos el día de Jueves Santo;
me repetí el

No hay tal andar
como andar a la una.....

Fig. 1.— Antigua casa solariega del autor, sita en Valle (Caravia la Baja).

que cantábamos antaño la noche ae San Silvestre para pedir el
aguinaldo, y me acordé del día de los devotos, cuando concu-
rría a la fiesta en compañía de la hermosa rapaza que me había
cabido en suerte; y al rememorar la fila, acudieron a mi memoria

numerosos cuentos de trasgos, duendes, xanes y otros entes mitológicos.....

Con todos estos elementos escribí el folk-lore de Caravia, y en los estragales de las casas y bajo los hórreos, reuní a las personas ancianas, les leí mis cuartillas, y ellas me rectificaron todo lo que no se ajustaba a la tradición, conservada en sus recuerdos, a su juicio, en toda su pureza.

Para ampliar mis estudios recorrí las erías, las llosas y los acantilados de la costa, y en la desembocadura del río de los Romeros, busqué y hallé el sitio donde estuvo emplazado el convento de San Jacobo y la cueva que albergó en la Edad Media a los salteadores de caminos; sesteé al lado de un chortal en el bosque de la Coria, donde en tiempos remotísimos quizá se congregaban las gentes para ofrecer su culto a las aguas y a los árboles.

Y subí al puerto Sueve, pasando por la biesca de Quirinaldos, donde dicen que acamparon los lanceros romanos; llegué al Pienzu, pico que se alza 1.230 metros sobre el nivel del mar, y arrimado a la grande Cruz que allí plantó la Fe de dos vecinos de Lastres, pude contemplar a mi antojo la belleza del amplio panorama tendido desde el cabo Ortegal hasta Vizcaya; después fuí a Ordiales, sitio en el cual, según la leyenda, se hacían las pruebas llamadas Juicio de Dios; y estuve en el pico Babú, donde íbamos los rapaces la mañana de San Juan para ver el sol bailar. Al recorrer las majadas Garbús y Merguyines, el calor me quitaba la respiración; era la hora en que las vacas miriaban en los mosquiles y sesteaban los pastores en antiquísimas cabañas. Un águila volaba majestuosamente sobre los rebaños.....

Desde el campo del Bustacu, antiguo aulladero de lobos, re-

gresé a la canal del Beyu, *y al* esgolarme *por la* Peña, *recordé que entre el boscaje de aquel profundo barranco tiene el diablo su morada, según cuentan en Caravia las viejinas.....*

Bajé después al fondo de la gruta del Collado, *vi resplandecer las estalagmitas como antorchas fantásticas, y en las paredes formadas por vitrificaciones brillantes, vi doseles complicados y encajes arabescos esculpidos en la roca por las hadas.....; y al reverberar la luz de mi lámpara sobre las cristalizaciones, formáronse reflejos ricos en matices, y me pareció que allá, entre las columnas estalagmíticas relucían los ojos del* cuélebre *guardián de un tesoro y de las damas encantadas en aquel santuario...*

Visité la cueva del Agua, *mansión de* xanes *y escondrijo de tesoros; avancé por entre columnas y cantales para ver si podía salir por la cueva del* Sumidoriu, *donde el eco se refleja contra la escarpada roca.....*

En la oquedad de una lastra bebí las aguas encantadas *de la fuente del* Alisu, *y desde allí, por el campo de la Llana, salpicado de manzanilla, orégano y clavelinas moradas que aroman el aire con tanta fuerza como en las vegas andaluzas, subí al* Pico del Castro *para buscar la cadena de oro que le circunda.....*

Y en aquella atalaya, donde tantas veces jugué siendo niño, cavé y hallé algunos eslabones de la cadena famosa que son dignos de engarzarse en la cadena de la historia patria.

Por primera vez en la región, saltaron, a los golpes de mi zapapico, varias muestras de cerámica prehistórica y otros objetos de bronce y de hierro que demuestran no ser ciertas todas las afirmaciones de los antiguos viajeros y geógrafos que pintaron a cántabros y astures en pleno estado salvaje antes de que llegara a sus costas la influencia de Roma.

Esto hice y esto hallé. Y aunque el tributo es pobre, se lo entrego a mi pueblo como ofrenda; se lo doy a mi región como homenaje del alma.

EL AUTOR

LA MADRE TIERRA

CARAVIA

Cuenta la tradición, que siendo los habitantes de esta costa gente aguerrida y avezada a la pelea, determinó Pelayo solicitar su ayuda para luchar contra la morisma. Y que, después de reunir unos cuantos hombres, quiso atravesar el monte del Fito para ir a Covadonga; pero aconsejado por las personas principales que le acompañaban, se dirigió hacia Ribadesella con el objeto de reclutar más gente en Berbes, Abeo y en aquella villa. Al llegar a Cerracín, límite del Concejo de Caravia, cayó del caballo y se mató uno de sus mejores capitanes; entonces, Pelayo, exclamó:

—Cara vía.

Y Caravia se llamó desde entonces el territorio caraviense.

Esta etimología popular—como otras muchas atribuídas a Pelayo, de lugares próximos,—Colunga (Ay mi columna),—Berbes (Ver-verás),—Abeo (Ya veo la Villa.....)—satisfacen al vulgo plenamente, pero no pueden someterse a examen.

Dice el Sr. Escandón (1): «Pueblo de Caravia,=argonauta, nombre hebreo de la Caravia de los carabeos, tribu de Charam, o Carabí, como dice el *Diccionario de poblaciones antiguas,* por Nebrija, de cuyas tribus hubo en la Arabia y Sacticia, y en el Valle de Carabeos, en Reinosa.»

Opinamos que disquisición semejante carece de toda base racional.

D. Estanislao Sánchez Calvo (2) cita como origen de la voz Caravia la palabra eúskara *garavia*=profundidad entre cimas. Esta etimología no corresponde a la topografía del terreno.

---

(1) *Historia Monumental del Rey Pelayo,* pág. 147.—Madrid, 1862.

(2) *Revista de Asturias,* tomo I, 1878.

Caravia tiene los siguientes nombres similares:

—Carave —en Limanes (Oviedo).

—Caraves— » Peñamellera.

—Caravis — » Lugo de Llanera (Gijón).

¿Tendrán alguna relación con este Caravia los de

—Carabanzo—en Lena.

—Carabaño — » Cabrales.

—Caraduje — » Santa Eulalia de Oscos.

—Carabeso — » Cenero (Gijón)?

En Langreo hay Carabín, que es evidentemente diminutivo de Carave.

Caravia, desde luego es nombre antiquísimo.

Este Concejo se compone de Caravia la Alta y Caravia la Baja, y son latinos los nombres que los integran.

Caravia la Alta está formada por los barrios llamados Prado (Capital del Concejo), Pumarín, la Rotella, la Tejera y Cerracín.

Y a Caravia la Baja pertenecen los Duesos, Carrales, Duyos y Valle.

Situación topográfica

Entre una cadena de rocas y el Océano cántabro, como bando de palomas blancas al cobijo de frondosos árboles, reposa el pueblo de Caravia (Figs. 2 y 3), y contempla, de un lado, la inmensidad del mar que le hace mirar de frente e intentar romper el horizonte azul cerrado sobre las aguas, para ver el infinito; y de otro, las ingentes montañas que enseñan al caraviense a elevar la vista y el pensamiento hacia los grandes ideales.....

Desde cualquier punto del concejo se pueden admirar paisajes de gran belleza. El terreno es llano a lo largo de la costa y ligeramente quebrado hacia la parte del pueblo.

Dista de Oviedo 67 kilómetros; confina al Norte con el mar; al Sur con el concejo de Parres; linda al Este con Ribadesella y al Oeste con Colunga.

Orografía

De Oeste a Sur, semejante a una tumba inmensa, álzase el puerto Sueve, 1.230 metros sobre el nivel del mar (Fig. 4); y de Sur

Fig. 2.—Vista parcial de Caravia la Alta, desde la Cristalera.

a Oeste, el monte del Fito, 503 metros sobre dicho nivel; dentro de este monte está el pico de la Forquita, el pico del Forcu y el pico del Castro.

El monte del Fito tiene abundantes pastos y agua potable en las fuentes de la Minariega, Caballiz, Fuentefría, Fuentelluenga, Funes, Riega de Gonzalo el Fuerte, Busmartín, del Capellán, de la Llana, del Alisu del Texu, y otros manantiales que brotan entre las peñas (1).

El puerto Sueve es una verdadera riqueza para los Concejos de Caravia, Colunga y Parres (2). Estos Concejos llevan a Sueve el ganado durante los meses de verano, y pacen en las brañas de las Vacas, Duernas, Cimera, Baxera, del Cuetu, Fonda, Fondevia, Cuetulluengu, Forcada, Nueva, Mayor, Menor, Perezosa, la Pulga, Vieya, de Sama, de Espineres, de Llagüezos, de la Flecha, Ablanucau, Busventoso, Mayuga y del Batel.

Y en Busagaya, Buscontriz, Busfermose, Busfrío, Buslladrón, Busnuevo, Buspiñoble, Bustacu, Biesca de Bustantibu, Busdelarasa, Bustriscoso Baxeru, Bustriscoso Cimeru, Busternaldo, Buspaderna y Busloco.

Y tiene sombra en las biescas de Quirinaldos, Bizcalluenga, de Bustantibu, y otras. Y descansa en las majadas de Espadañedo, Ortigal, Garbús, Cuerrías, Fodelbué, Mirueño, Hume, Cuadro, Collada, Merguyines, Cobezo, Duernas, Llevanco, Poleares, Perfeches, Fondera, Cimera, y Goleta.

Y puede beber en las charcas de Busmeo, Foyo del Agua, Solderiz, Brañabaxera, Bobes, Texa, Texuca, Texona, Llau, Sedores, Quirinaldos, Duernas, Sellón, Babú, Corripies, Perfeches, Brañafonda, Ordiales, Fontaniella, Potril, Fuentayu, Biforco, Fontascas, Buspiñoble, Cierruguitón, Requexu, Obines, Pofresno, Chorrón de la Parea de la Ñisal, y Pingones del Mandalín.

Y agua potable en las fuentes de Ablanín, Babú, Busagaya,

----

(1) El Estado quiso vender el monte del *Fito;* el Ayuntamiento protestó de ello, y el 17 de Julio de 1863, se falló el pleito en favor de Caravia. El expediente dicen que se halla en la Notaría de Villaviciosa, en los folios 496 á 509.

(2) La parroquia de *Cofiño,* por derecho consuetudinario reconocido por los Tribunales, puede prendar ganado en el monte del *Fito* y en el puerto *Sueve.*

Fig. 3.—Vista parcial de Caravia la Baja, desde el bosque de la Medina.

Busfrío, Busnuevo, Buspiñoble, Brañabaxera, Fondera, Cimera, del Calderón, Copín, Fanega, Escudilla, Duernas, Favola, Formigues, Fontones, Fontasca, Govieta, Llamas, Llambiperros, Merguyines, Neriz, Ortigosa, Xuan de la Gracia, Potril, Perfeches, Solderiz, Texa, Texu, Texuca, Toro, Basos, Mantegues, Pingones, Requexu, Biforco, Fornu, Fontica, Becerrera, Marvana, Ablaniella, y Caricera (1).

La costa

Empieza en la Espasa, con una hermosa playa, de 1.500 metros de longitud (Fig. 5); en el Visu, comienza el acantilado, Occidiellu, Peñón de Melín, Moracey, Peñaforada, Beciella, *río* de los Romeros, peña de los Palombos, la Garita, Corpisones, la Tuerba, playa de Moris (esta playa tiene una longitud de 800 metros (Fig. 6), y termina la costa en la Braniella.

En Caravia no hay pescadores de oficio, pero los vecinos entretienen sus ratos de ocio en coger mariscos y peces, que aundan en esta costa.

Hidrografía

La fuente de la Minariega, que brota en la falda del monte del Fito, y el agua de otros manantiales bullidores y saltarines, forman un riachuelo que atraviesa el Concejo de Sur a Norte y da impulso a los molinos de las dos Caravias. Este riacho, que fué *elevado* por algunos geógrafos a la categoría de *río,* figura en documentos del siglo xvi con el nombre de «riego de los romeros», porque cerca de su desembocadura en el mar, existía un convento donde se albergaban los romeros que iban peregrinando a Santiago de Galicia. Y *río de los Romeros* le llaman hoy.

Las fuentes de Reblagues, Rís, del Fornu, de la Vega, de la

---

(1) Caravia sostuvo y ganó un pleito a Colunga referente a los derechos que tiene Caravia en el Puerto Sueve. Y el Juez de Caravia, «..... se entró con vara alzada en la jurisdición de dicho concejo de Colunga y subió al puerto paseón llamado Sueve.....» (Escritura de convenio otorgada por el Juez de Colunga y el de Caravia, ante D. José de Fuentes, el 27 de Marzo de 1753.

Coria, Fonfría, Fuentona, Corrada, y Gorgoyu, son suficientes para surtir de agua a todo el concejo.

El año de 1914 se acogió el Ayuntamiento a un Real Decreto de 22 de Marzo de aquel año, referente a «traídas de aguas», y debido a las gestiones del Iltmo. Sr. D. Manuel de Argüelles Argüelles, vecino de Caravia, diputado a Cortes por Infiesto y ex Director General de Propiedades y de Aduanas, obtuvo el pueblo una subvención para conducir el agua desde la fuente de la Minariega hasta Caravia la Baja, por medio de tubería de hierro; las obras costaron 30.000 pesetas.

Y el año de 1916, las mozas caravienses inauguraron los nuevos caños, llenando en ellos sus relucientes herradas con el agua de la Minariega.

Geología

..... La cuarcita del puerto Sueve prolóngase—dice Schultz—«hacia Oriente y constituye el monte del Fito (1)..... Y la caliza de dicho puerto se extiende por Caravia y Berbes hasta el mar, donde está a plomo, y no presenta otros fósiles que rarísimos tallos de encrines, y encierra grupos y filoncitos de espato-fluor y de barita.....

..... Y en contraposición del echado rápido de los bancos jurási-

Fig 4.   Vista de la ladera meridional del puerto Sueve, desde el parque de Caravia la Baja.

____

(1)   Estudios posteriores demostraron que la formación de este monte corresponde al terreno Siluriano.

cos en Lastres, Selorio y San Miguel del Mar, se le observa muy tendido de Colunga al Este, hasta Caravia la Alta, predominando en este tramo primero la caliza inferior del Lías hasta Cobián; después, entre Cobián y Bueño margas rubias sobrepuestas; de Bueño por la Espasa y *río* de los Romeros hasta el arroyo Gorgollo margas negras con cantos de caliza embutidos, formando (especialmente en los ribazos de la costa llamados Peñas de la Espasa, Peña-Furada y Peña de los Palombos), una especie de brecha caliza y margosa, negruzca, algo singular, y quedando debajo, hacia el Sud, la caliza fundamental del Lías en el pueblo de los Duesos».

Clima

El clima es templado, benigno y saludable, aunque húmedo, como lo es en general en toda la costa cantábrica. Los vientos más frecuentes son el N. E. y el N. O. La temperatura máxima en invierno es de 12° 5, y la media de 5°.

Las nieves rara vez descienden del cercano Sueve y pocas veces cubren el monte del Fito, y cuando esto sucede, desaparecen en seguida.

En los meses de verano predomina la electricidad atmosférica, y entre la costa y Sueve desarróllanse tempestades de poca duración, pero de bastante intensidad.

Y cuando el brumazón se levanta sobre el mar hacia la parte de Lastres (N. O.) y rugen las olas en la Espasa con más fuerza que de ordinario, es señal de que la lluvia impedirá el trabajo en el campo.

Ya dice el refrán:

> Cuando ruxe la mar
> hacia la Espasa,
> suelta les vaques
> y vete pa casa.

Y el buen tiempo le anuncia este otro:

> Cuando ruxe la mar
> hacia el portiellu,
> unce les vaques
> y vete pal eru.

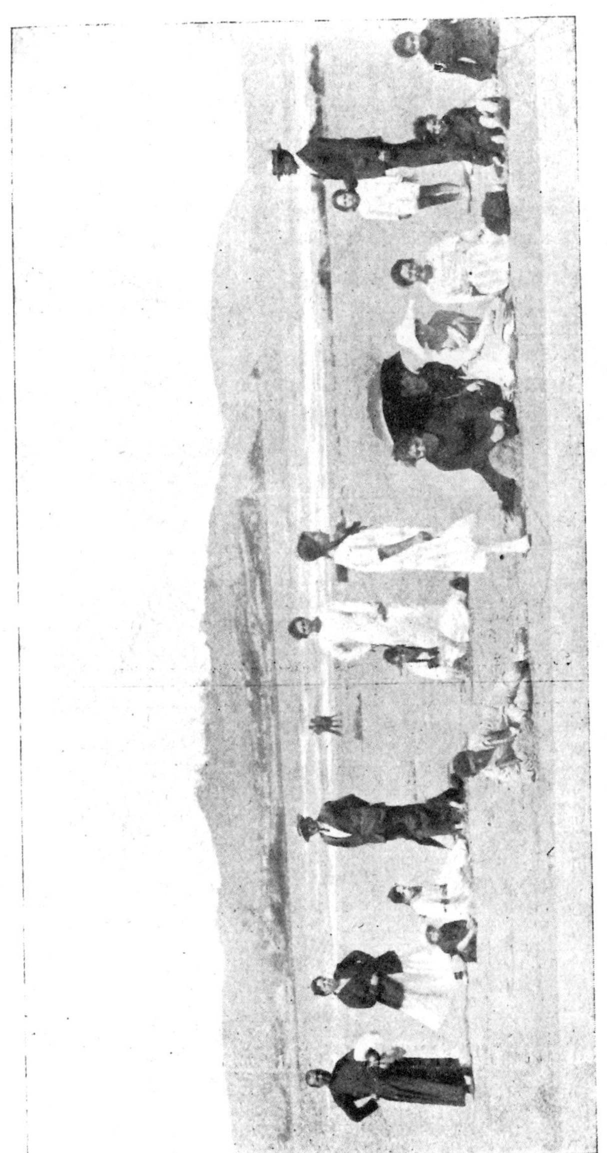

Fig. 5.—Playa del Visu. (Caravia la Baja); en el fondo, Lastres.

Flora

La flora de esta región es casi la misma que la del resto de la provincia. Tiene frondosos bosques de castaños y de robles centenarios, debido al amor que profesaban antiguamente los caravienses, al más hermoso adorno de la creación: al árbol.

Éste ejerce sobre nuestro ánimo una influencia poderosa: la existencia que se desenvuelve entre una rica vegetación, es mucho más alegre y risueña que la que se desliza en un país sin arbolado.

La fiesta del árbol, aunque de distinta forma que hoy, es conocida en Caravia desde tiempo inmemorial.

«El día que se planten los árboles—dice el Juez noble de Caravia D. Antonio Joseph González Cutre en un bando del año de 1779—en la dehesa y monte Real, todos los vezinos se junten, sin que ninguno plante los suios sin que su merced los inspezcione, mire y reconozca ser útiles a la produzción del plantío, y el que incurriere será castigado según mereciere.»

Y en otra ocasión dice el Juez que, «a la salida de misa popular según costumbre, se aperciba a los vecinos concurran cada cual con sus robles al suelo, lisos y brabos..... al sitio de la Tejera plantío Real» (1). Había viveros de árboles «en Paniceres, en la dehesa de Foncaravia y en la Coria».

¡Por eso se comprende que exista en Caravia tanta riqueza de robles y de castaños!

En el monte hay gran cantidad de rozo, cádavas, y helechos; en las sebes, artos con abundancia de moras. El aliso, abedul, el pino, el eucaliptus, el fresno, el haya y el laurel, son relativamente escasos.

Este concejo hace uso del *derecho de pozonera* plantando árboles en el terreno común, poniendo cada vecino su marca en el tronco, y usufructuándolos a su antojo.

Las castañas se dividen en castañas montesones, parruques, blanqueres, postices y verdiales. Abundan las cerezas gayeres, xinxones, morates, pedreres, resories y de danza; también hay exquisitas guindas. Se cogen buenas peras de manteca de oro, de plata,

---

(1) M. S. Archivo de la casa del autor. Legajo I y II. N.º 4, 51 y 61.

Fig. 6.—Playa Moris (Caravia la Alta)

de esgaña, de Don Guindo, de entre las torres de abajo, de Urraca, de dama, de a libra, de alejos, de carda y peruyes. Higos de San Juan, de San Miguel, moquinos, y reglares. Ciruelas de caparrey y de otras clases. Prunos zorrinos, cabarrones, y de nucil. Nisos, limones, naranjas, membrillos, nísperos, avellanas y nueces.

Y ricas manzanas de raneta, dulces de alba, de pica el cuervu, blanqueres, de Infiesto, picones, minganes, de balsaín, repinalba, y caraviones. Las manzanas se miden con una macona que tiene un ochavo de capacidad.

Un ochavo=Cuarenta kilogramos.

Veinte ochavos=Una pipa de sidra.

Una pipa=Quinientos litros (1).

Entre los arbustos y plantas medicinales podemos citar el romero, tilo, saúco, zarzarrosa, tomillo, luisa, grama, salvia, ruda, violeta, angélica, árnica, berro, llantén, manzanilla, etc.

En todas las huertas y jardines existen variedades de flores que las mozas cultivan amorosamente para ofrendarlas a la virgen, y para adornar con ellas, colocándolas en macetas, las ventanas y los corredores de sus casas.....

Fauna

Abunda el jabalí, la liebre y la perdiz. En otro tiempo, el oso y el lobo causaban grandes estragos en el ganado, pero los vecinos organizaban monterías y consiguieron acabar con estos animales dañinos (2).

---

(1) La medida de capacidad ochavo también se usa para vender y comprar cal; diez ochavos=una carretada. Y para medir áridos se emplea el copín; cuatro copines=una fanega. Para las demás medidas se usa el sistema métrico decimal.

(2) «A cada uno de los vecinos de este Principado que fuera de los días de monterías generales mate un cachorro de Lobo, el Depositario General del Principado le dará 20 Reales de vellón; por cada Lobo grande, 80; por cada Loba preñada, ciento y veinte, y la que no lo estuviese, al respecto del precio asignado al macho grande.....»

.«..... por cada Osa u Oso grande, 60 reales; por cada cachorro de la misma especie, 20 reales.....»

Real Provisión de D. Juan Esteban de Salaberri.—Oviedo, 13 de Enero de 1749.

Creemos innecesario enumerar la fauna de este concejo, porque no hay ninguna variedad particular que se diferencie de la del resto de la provincia, excepto una raza de caballos que se crían donde dicen que se criaba el famoso *asturcón:* en el puerto Sueve.

El historiador gijonés D. Julio Somoza, dice que «el caballo *asturcón* y el *tieldón,* debemos entender que es uno mismo. Nos

Fig. 7.—Yegua de Sueve. Alzada, 6 cuartas; edad, 4 años.

fundamos para ello, en que el segundo, debía ser originario de los Concejos altos de Cabrales y Riaño (peñas al mar y peñas a León), en el primero de los cuales se halla el río y el lugar de *Tielve* ó *Tielde,* llamado también la *llomba del toro*» (1).

Pero ¿hay en esos concejos una raza especial de caballos que recuerden a los *asturcones,* como los recuerdan los caballos de Sueve? Creemos que no. Los caballos de este puerto son de poca alzada (el que más, seis cuartas y media), fuertes, veloces, inteligentes y bonitos; he aquí un ejemplar (Fig. 7).

¿No será el caballo de Sueve el *asturcón* degenerado? Sueve está situado a cuatro kilómetros del mar y tiene especial nombra-

____

(1) *Gijón en la Historia General de Asturias,* por D. Julio Somoza García Sala, tomo I, pág. 190. *Noega oppidum in Asturum litore,* 1908.

día por las excelentes hierbas que allí nacen, y porque reune mejores condiciones que los demás puertos asturianos para que en él puedan invernar los caballos.

Y aunque este punto parezca poco interesante, no deja de tener importancia, porque su resolución acaso esclarecería el debatido problema del límite oriental de Asturias. Si el caballo *asturcón* es oriundo del puerto Sueve, como la tradición afirma, entonces Sueve estaría en territorio de los astures y fuera de Cantabria, resultando, por consiguiente, inexacta la afirmación de D. Aureliano Fernández Guerra (1) y la de los historiadores que le siguieron, colocando el límite de Asturias en la ría de Villaviciosa.

Cierto es que Marcial, al describir el caballo *asturcón,* se limita á decir que procede de Asturias, sin fijar la comarca de su oriundez, como no la fija tampoco Séneca cuando elogia el caballo de Catón, ni Silio Itálico al ponderar la fogosidad y ligereza de los *asturcones;* mas si puede concederse a la tradición algún valor, ella ha venido afirmando a través de las edades que el caballo *asturcón* procedía de Sueve. Así se cree en todos estos lugares todavía y así lo creyeron siempre los escritores de antaño, entre los cuales figura en primera línea D. Juan María Acebal, tan erudito como inspirado, el cual, en su poesía *Cantar y más cantar,* escribe así:

> Casi al frente. del llau de Colunga,
> Llevanta el puertu Sueve la cabeza.
> Que i dió a Roma les potres *asturcones.*
> Que subín de rodíes una cuesta (2).

Vías de comunicación

Hasta el 30 de Julio de 1885 que se abrió oficialmente al público la carretera de la Espasa a Ribadesella, no había otros medios de comunicación que caminos vecinales y de herradura; y a lo largo

(1) *Cantabria,* pág. 36.—Madrid, 1878.

(2) Entre las pinturas y grabados prehistóricos que existen en algunas cuevas de Asturias, figuran varios caballos; ¿serán los *asturcones?* Véase, entre otras, *La Cueva del Buxu* (Asturias), por el Conde de la Vega del Sella.—Madrid, 1918.

de la costa, «el camino público y Real por donde transitaban de Bayona a Galicia»..... (1).

Por este camino pasó el Emperador Carlos V y su hermana la Princesa D.ª Leonor, acompañados de numerosa comitiva, el 21 de Septiembre de 1517, en dirección a Ribadesella, «unos a caballo y otros en carros abiertos»..... (2).

La comunicación con Castilla se hacía salvando el Fito por el camino *los rocinos,* y de aquí a Arriondas, Sevares, río *Colorado* arriba para cortar los pastos de *Moaño,* los *Osiles,* el puerto de *Tarna, San Isidro* y *Lillo,* y río abajo hasta León.

El artículo 22 de las Ordenanzas de Colunga, del año 1773, dice que, «para beneficio de este concejo y los inmediatos, para los principales ramos de vino y aceite y otros de Castilla de que carecemos en éste, es muy conveniente y fácil la apertura del monte del Fito sin más dispendio que un día o dos a lo más, cada vecino de éste Concejo, Caravia y Parres interesados en esto»..... (3).

Y en la Junta del Principado celebrada el 13 de Agosto de 1787, «pidieron los concejos de Caravia y Parres ayuda de costa para componer el camino del Monte o Cuesta del Fito y se les dió 3.000 reales».

Desde el año 1906, está trazado el «Ferrocarril de las cinco Villas»: Gijón, Villaviciosa, Colunga, Caravia y Ribadesella; pero

---

(1) Y era tal el número de peregrinos extranjeros «vagantes» que transitaban por este y otros caminos, que en 1752, el Regente de la Audiencia de Oviedo dictó una Providencia prohibiéndoles la entrada en este Principado si no traían los papeles en regla. Y si «peregrinan por la Marina que es el camino que llaman Francés, tomen además de las dimisorias de su Obispo, licencia de los Jefes que hay a la entrada de estos Reinos y de las cuatro villas del mar de Cantabria».....

«A los que llevaren mujeres en su compañía diciendo ser propias se les exija fe de casamiento, y no exibiéndola, se les ponga presos y se les haga causa.....»

Que a los verdaderos peregrinos, «las justicias les permitan separarse del camino cuatro leguas a una mano y a otra para socorrerse con las limosnas que fueran recogiendo».....

(2) Manuel de Foronda y Aguilera: *Estancia y viajes del Emperador Carlos V.*—Madrid, 1914.

(3) Archivo de la Diputación provincial. Legajo II de la matrícula XIV.—Colunga.

todavía ha de pasar mucho tiempo antes de dar principio a la construcción de tan necesario ferrocarril.

En 1916, el citado Sr. Argüelles, a quien tantas mejoras debe el concejo, consiguió del Estado, para Caravia, dos estaciones telefónicas en combinación con el telégrafo.

Población

Este concejo, según el censo de 1910, tiene 1.062 habitantes.

Durante este siglo registran las estadísticas, como término medio, cuatro matrimonios cada año, veintidós nacimientos y diez y seis defunciones. Son frecuentes los casos de longevidad; hay ahora en el pueblo varias personas que pasan de 90 años.

Las mujeres son muy fecundas; cada matrimonio tiene de seis hijos en adelante, y es corriente el que tengan nueve y diez. En la Tejera hay un matrimonio que ya cuenta quince hijos; y este año (1919) nos decía la mujer: «todos mis hijos están sanos y gordos; nunca falta Dios; yo siempre tengo la cuna preparada.»

Y efectivamente; la cuna pronto mecería un nuevo ser; y esta esposa, que mostraba en su rostro la satisfacción de ser madre de tantos hijos, y que todavía tenía la cuna preparada, es digna de que figure aquí su nombre para ejemplo de madres: se llama Adalia Simón Duyos.

Hay en el concejo 132 mozas solteras, de 16 a 40 años de edad; el celebrarse tan pocos matrimonios consiste en que todos los jóvenes emigran a América a la edad de 14 o 15 años, quedando Caravia sin hijos; las pocas jóvenes que se casan, salvo raras excepciones, lo hacen con hombres de fuera del concejo; las demás ¡aguardan, y aguardan a que pase el amor!.....

División territorial

Comprende una sola parroquia, sita en Caravia la Baja, citada en documentos antiguos con el nombre de Santiago de Carrales; y tiene su filial, Nuestra Señora de la Consolación, en Caravia la Alta.

Casi todos los nomenclator y los libros que hablan de Caravia, o dicen que en este concejo hay dos parroquias, o que lo es Nuestra Señora de la Consolación. Conste, pues, para siempre, que hasta ahora la parroquia es Santiago de Carrales o Apóstol.

Caravia forma parte del arciprestazgo de Colunga. Pertenece a la zona militar de Oviedo, núm. 48, y a la caja de recluta y batallón de segunda reserva de Cangas de Onís, núm. 101. Y en lo marítimo corresponde a la ayudantía de distrito de Ribadesella. Su partido judicial es Villaviciosa.

Riqueza

La riqueza territorial por rústica y pecuaria, el año de 1918 fué de 21.337 pesetas; la urbana, íntegra, 2.619, y la contribución industrial, 304 pesetas.

Las fuentes de riqueza, sin contar el dinero que viene de América, son la ganadería, el maíz, la castaña y la manzana.

En el monte del Fito hay cuatro capas de hierro en dirección E. O., que comienzan en Berbes y llegan hasta cerca de Infiesto. Las capas fueron reconocidas el año 1868, y para poder explotarlas, la Compañía construyó una carretera que, partiendo de la mina sigue faldeando la *Sierra* hasta bajar a Torre. Estos trabajos fueron abandonados, hasta que en 1898 una nueva Sociedad reanudó las labores, las cuales continúan en la actualidad.

También en la falda de Sueve, en la Toya, hay varias capas de este mineral de que venimos hablando; una Empresa ha hecho varios trabajos preparatorios para empezar dentro de poco tiempo la explotación de las minas.

Instrucción pública

Antiguamente, en muchos pueblos de Asturias las escuelas se instalaban en los pórticos de las iglesias. La primera escuela de Caravia (Fig. 8) fué fundada y dotada por nuestra casa de Valle en el siglo XVIII. Fué su fundador D. Marcos Antonio de Valle.

En aquella época era el «Gobierno político y labrador» quien nombraba el maestro y le daba certificado de aptitud. Por cada niño que sabía escribir y contar cobraba el maestro dos copines de maíz cada año, y no sabiendo escribir, un copín. Y en 1847 cobraba 1.100 reales del Ayuntamiento y veinte fanegas de maíz de los niños (1).

En 1859 tomó posesión de la escuela un maestro titulado en la Normal Superior de Oviedo. Y al consignar aquí su nombre hemos

Fig. 8.—Escuela de Caravia.

de rendirle un homenaje de gratitud, ya que con tanto afán y cariño nos enseñó las primeras letras: se llamaba D. Antonio Pertierra; era inteligente y bondadoso, y a él debieron cultura y educación varias generaciones de niños caravienses.

Según las estadísticas correspondientes a los últimos años, no existe ningún hijo de Caravia analfabeto; en la escuela nacional hay matriculados este año (1919) 65 niñas y 70 niños.

En 1915, por suscripción popular, se ha construído en Caravia

____

(1)   M. S. Archivo de la casa del autor. Legajo II. N.º 46 y 54.

la Alta un edificio que lleva por nombre «Colegio de Prado»; en él reciben educación esmerada indeterminado número de niños.

Carácter de la población

El habitante de Caravia es de carácter franco y bonachón, aunque un tanto desconfiado de primer momento, pero luego se entrega sin reserva alguna a los afectos de la amistad.

Su característica peculiar es la lucha por la independencia; en esto es irreductible, según lo demuestran algunos documentos que publicamos en otro lugar de este libro.

Es enemigo de pendencias;—«las contiendas judiciales de los vecinos se libran con poco dispendio y fatiga, y como patriarcalmente»—, dijeron un día los caravienses a la reina Isabel II.

En las cuestiones que surgían en la *danza prima,* al volver los mozos de cortejar, o por rivalidades entre las dos Caravias, jamás se cometieron delitos de sangre en los que tuviera que intervenir la justicia.

Y en el índice de causas criminales que existe en el archivo de la Audiencia de Oviedo, desde el año 1629 que principia dicho índice, hasta hoy, Caravia figura con 19 causas, todas ellas de poca importancia y ninguna por delito de sangre. Caravia tal vez sea el único concejo de España donde no se ha cometido un crimen.

Pero esto, que es prerrogativa acaso única de este pueblo, era antaño cosa corriente en todos los de Asturias. Los robos y asesinatos son tan raros en este país patriarcal—decía en el año 1869 el anónimo autor de *Recuerdos de un viaje por España* (1)—, «que apenas se recuerda en la memoria de algún crimen de esta especie, y así el viajero camina solo y sin temor a cualquiera hora de la noche».

Hoy, en cambio, debido a la multitud heterogénea que atrajeron las minas primeramente, y después a la desmoralización del jurado..... ha cambiado algo «este país patriarcal».....

Emigrante al Perú en el siglo xvii, y más tarde a la Isla de

____

(1) Pág. 563.

Cuba, el joven caraviense consigue a fuerza de trabajo honrado y lucha continua crearse una posición y sostener a sus padres con decoro, enviándoles mensualmente un numerario. Y después de algunos años, si retorna a la *Quintana,* forma un hogar, y sus hijos siguen el camino que siguió su padre, y esta cadena sin fin está dando vueltas año tras año, y siglo tras siglo..... (1).

La casa

Hay en el concejo 236 casas y 175 establos; las casas se componen de planta baja, un piso y desván, excepto 13 que no tienen más que una planta. Entre este número de inmuebles hay varias casonas solariegas y algunos hotelitos de reciente construcción.

Las viejas casas solariegas que no sufrieron ninguna transformación, exigida por la vida moderna, son poco confortables; todas tienen un salón muy amplio y gruesos muros dividen las habitaciones.

Los muros de los edificios todos son de piedra, el maderamen de castaño o de roble y están cubiertos con teja curva; casi todos ellos están reunidos en grupos, y los establos intercalados entre las casas. La orientación de éstas depende del trazado de las calles o callejas.

En el *estragal* guarda el labrador los pequeños aperos de labranza y *esbilla* el maíz; la cocina no tiene chimenea, el llar está casi a ras del suelo, y arriba, en el mismo plano que el desván, está la *cuña,* donde curan castañas y nueces; en la pared, a la altura del

---

(1) Los emigrantes de Caravia y de los Concejos limítrofes embarcaban en Ribadesella en el famoso bergantín *Habana.* Desplazaba 5.000 quintales, y con viento favorable llegaba a Cuba en 28 días; de lo contrario, empleaba en el recorrido 60 o 75 días; hizo su último viaje a las Antillas el año de 1872.

Recordamos haber oído cantar esta copla:

> Somos los marineros
> del bergantín *Habana,*
> que marchamos mañana
> para Ultramar.....

llar, hay un hueco que se llama la *fornica,* en la cual se conserva el rescoldo, renovándolo todas las noches.....

La *cuña,* y el *tórzanu* donde se cuelgan las calamiyeres, van desapareciendo poco a poco; el llar bajo es sustituído por la cocina moderna, y cada día aparecen sobre los tejados chimeneas que desdicen de las antiguas construcciones. Las cocinas modernas son la causa de que la familia no se reuna alrededor del llar, como se re-

Fig. 9.—Casa del siglo xII, sita en el Cueto (Caravia la Baja).

unía antaño, y mientras las mujeres hilaban, los ancianos, sentados en el escaño, narraban «cuentos de junto al fuego».....

Existen algunas casas del siglo x, y entre ellas la mitad izquierda de la casa de Valle (Fig. 1) y algunas de las del Condado (en Duyos), según consta en un documento que publicamos en otro lugar de este libro y según lo demuestra la estructura de los edificios.

Junto a la puerta de muchas casas, al exterior, hay un poyo arrimado a la pared, una pila de piedra para beber las gallinas y una higuera; en algunas, la comunicación de la planta baja con el primer piso se hace exteriormente por una escalera llamada *patín* (Fig. 9).

La propiedad está bastante repartida, aunque no tanto como antiguamente.....; según la estadística de este año (1919), en Caravia no hay más que 39 vecinos que no tengan ninguna propiedad.

El hórreo

Hay en Caravia 101 hórreos muy antiguos, algunos del siglo xv.

En el hórreo no entra para nada el hierro y el mortero. «No hay edificio tan barato,—dice Jovellanos—, tan sencillo y tan bien ideado; un edificio que sirve a un mismo tiempo de granero, despensa, dormitorio, colmenar y palomar, sin embargo de ser tan pequeño.....»

Jovellanos opina «*que los hórreos son de origen remotísimo; que los romanos..... los prefirieron para Asturias, donde primero los hallaron* y les dieron la perfección que hoy tienen.....» (1).

El Sr. Aramburu dice que «nuestro hórreo trasciende a habitación lacustre....., que hay un hecho incontestable para creer que lo fué: el hecho de haberse encontrado, al explotar algunas turberas para combustible, gruesos pilotes fuertemente clavados en ellas, armas de silex y otros objetos que comprueban la existencia de estaciones lacustres» (2).

Es lástima que el Sr. Aramburu no haya señalado el punto en donde se hallan aquellas turberas, porque podían ser objeto de un estudio encaminado a averiguar la existencia de ciudades lacustres en Asturias.

No hay en esta región tradiciones ni leyendas respecto a este particular; en cambio, en Galicia, «son numerosas y antiguas las tradiciones de ciudades lacustres análogas a las de los palafitos suizos..... El licenciado Molina, que en 1550 imprimió en Mondoñedo su *Descripción de Galicia,* menciona una laguna que llaman *Lomas de Gúa.....,* en la cual se hallan cosas de hierro labradas y piedras cortadas, y ladrillos, y clavos, y hollas, y todas otras cosas desta

---

(1) Somoza, obra citada, pág. 183.

(2) *Monografía de Asturias,* por Félix de Aramburu y Zuloaga, páginas 94 y 95.—Oviedo, 1899.

calidad que demuestran claro aver avido edificios y población; cosa de admirar» (1).

Bien puede ser que el hórreo «trascienda a habitación lacustre» y haya sido importado a esta región. D. Constantino Cabal dice «que los hórreos de Roma se levantaban sobre columnas..... que se alzaban independientemente de sus viviendas y servían para guardar los cereales, e *infra hórreum,* según Columela, se guardaban herramientas de vaqueros..... y que parece, pues, hay razón para afirmar que los hórreos asturianos tienen su origen en Roma» (2).

Sobre la teoría de Jovellanos referente al hórreo y a la de que «los romanos introdujeron en nuestro país la agricultura», hemos de hablar en este libro al tratar de la prehistoria.

El traje

El traje que usaban en este concejo, lo mismo hombres que mujeres, no se componía de colores chillones. Las mujeres usaban el color claro obscuro perfectamente armonizado, el mandil de *llana* y *llinu,* dengue negro, zapatos, medias de lana (algunas primorosamente labradas), y pañuelo de seda a la cabeza.

El traje de diario de los hombres solía ser de sayal pardo; los botones consistían en unos pasadores de madera llamados *estorneyes.* Pero el traje dominguero era de paño, montera picona de pana o de terciopelo, zapatos y medias; en las aberturas de las *perneras* de los calzones engarzaban, en forma de pasadores, unas cadenitas de plata con esferas del mismo metal en los extremos; al tiempo de bailar chocaban los pasadores unos contra otros y sonaban tanto más cuanto mejor bailaban los mozos, quienes tenían a galardón el *ruxir les feligranes,* que así llamaban a los pasadores.

---

(1) *Historia de los heterodoxos españoles,* por D. Marcelino Menéndez y Pelayo, tomo I, pág. 117.—Madrid, 1911.

(2) *Covadonga,* por D. Constantino Cabal, págs. 205 y 210.—Madrid, 1918.

> Montera de terciopelo,
> botones de feligrana,
> bien lo luciste bailando
> na foguera, con tu dama,

hemos oído cantar, antaño.....

En la actualidad, del traje del país no queda más que alguna que otra montera. La gente viste con bastante gusto, predominando siempre en sus trajes los colores serios.

Dialecto, acento y tipo

En Caravia, conservando todavía en esto la influencia latina, se dice vos y nos en lugar de vosotros y nosotros. Aún dentro de la rudeza del bable, la conversación es fina y armoniosa, y la pronunciación cantarina y bastante rápida. Hay muchas palabras en bable que no existen o no se usan ya en otros concejos; en el curso de este libro introduciremos algunas con el objeto de ayudar a enriquecer el vocabulario asturiano.

Como pueblo oriental y en contacto con gentes que frecuentan la provincia de Santander, en el acento se percibe cierta modulación castellana.

El tipo caraviense es de estatura regular, rostro encarnado y ligeramente anguloso, ojos azul obscuro y mirada franca, pelo color castaño; es delgado, fuerte y ágil.

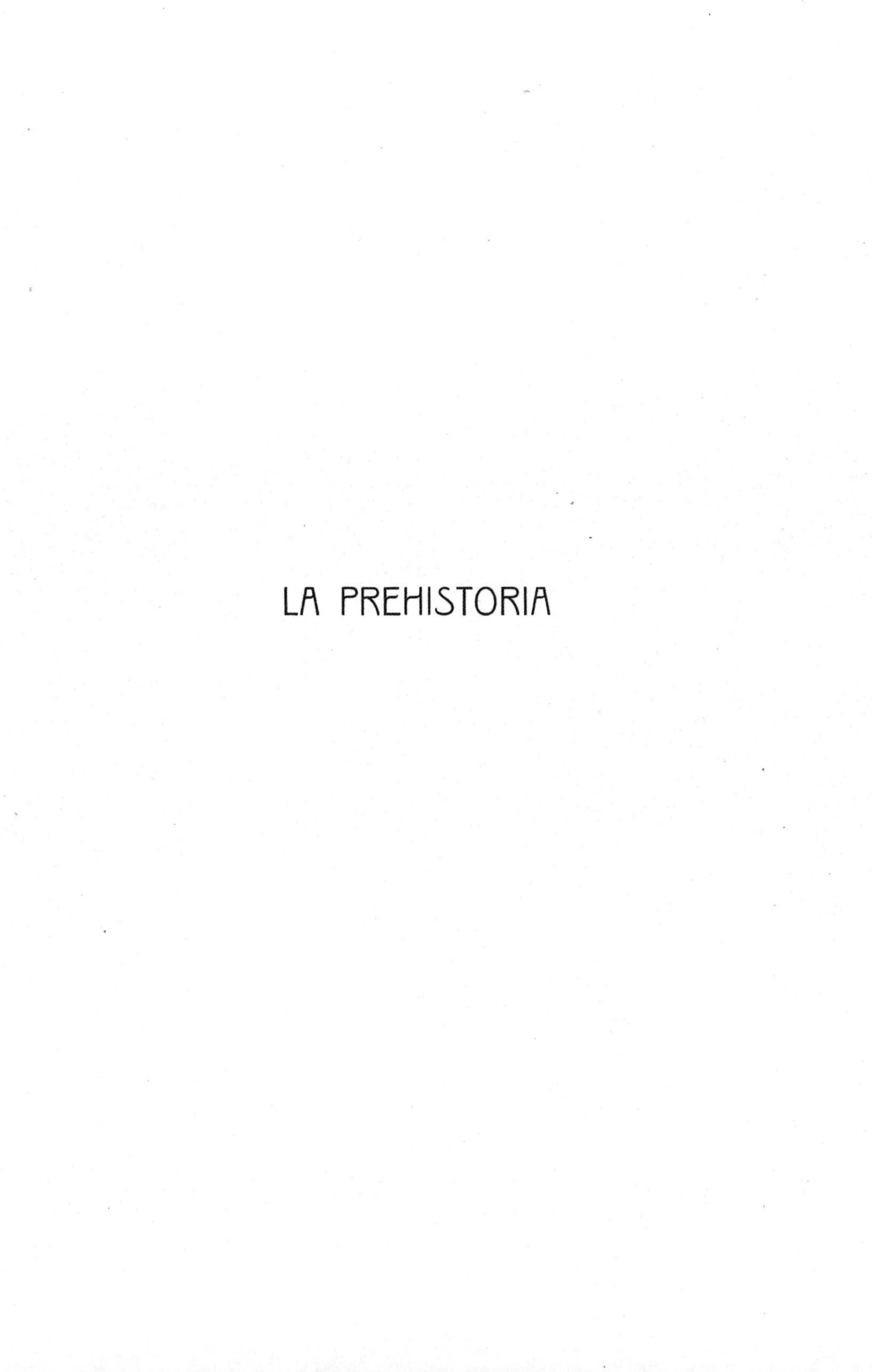

LA PREHISTORIA

LOS HOMBRES PRIMITIVOS [1]

Al tratar de la prehistoria, lo haremos apoyándonos en obras de reconocida autoridad, excepto al hablar de nuestras investigaciones arqueológicas del Pico del Castro, las cuales estudiamos y comentamos por cuenta propia.

Los supuestos hallazgos de esqueletos humanos y de eolitos, documentos con los cuales se ha querido probar la existencia del hombre terciario, dice el Dr. Ugo Obermaier (2), que los primeros no pueden «resistir una crítica de alguna seriedad científica», y los segundos no prueban la existencia del hombre terciario porque fuerzas puramente dinámico-geológicas pueden explicar satisfactoriamente el origen natural de los eolitos».....

Los vestigios más antiguos que hasta ahora se han hallado corresponden al período paleolítico o de la piedra tallada, que corresponde a la época geológica cuaternaria.

«Las tribus innominadas que estaban repartidas en las distintas regiones del mundo, han dejado numerosos vestigios de su industria, diseminados alrededor de sus hogares y agrupados en sus sepulturas.....

»Y la arqueología prehistórica busca y clasifica los hallazgos, estudiándolos en la forma en que están colocados por capas, determina su orden de sucesión, la edad relativa, y consigue trazar a grandes rasgos el desarrollo de la civilización desde el origen de la humanidad.....» (3).

---

(1) Hemos dado a este trabajo una amplitud que acaso pudiera ser excesiva, con el principal objeto de poder contribuir en la medida de nuestras escasas fuerzas a la vulgarización de este género de estudios. Si no hemos conseguido nuestro fin, sálvenos al menos la buena voluntad.

(2) *El hombre fósil,* por el profesor Dr. Ugo Obermaier, págs. 2 y 19.

(3) *Manuel d'Archéologie préhistorique Celtique et Gallo-Romaine,* par Joseph Déchelette, tomo I.—París, 1908, pág. 1.

El hombre del paleolítico inferior que acampaba en las márgenes de los ríos o al pie de la escarpada roca, lo mismo que el que habitaba en las obscuras cavernas, no conocía el arte de pulimentar la piedra, ignoraba el empleo de los metales, no tenía cerámica ni animales domésticos.....

«Con el período neolítico o de la piedra pulimentada», la humanidad entró en un mundo nuevo; el hombre, venciendo su barbarie cuaternaria, sale del fondo de las cuevas sombrías, donde habitó miles de años envuelto entre el humo de la leña del hogar, para vivir a la luz del día y recibir las caricias del sol a la puerta de su choza de ramas; desafía con más valor a las fieras porque halló el medio de enmangar sus armas y las hizo más potentes al dotarlas de brazo de palanca; descubre los secretos de la agricultura; fabrica utensilios para triturar granos y elabora panes de trigo; los árboles le proporcionan fruta; crea la red y explota la pesca de los ríos; domestica el caballo, el perro, el buey, el cerdo, la cabra y el carnero.....

Abandona la caza para convertirse en pastor y en agricultor; y aún aquellos que se quedaron rezagados haciendo vida troglodita, se dedican a la cría de ganado. El Cíclope Polifemo de la Odisea, que en el interior de su caverna le dice al valeroso navegante que ni a él ni a sus compañeros

<blockquote>
«..... los Cíclopes
Que en los cabos batidos por el viento
Habitan las cuevas del contorno»,
</blockquote>

les importa poco los dioses invocados por Ulises, no es otra cosa que un pastor troglodita, pues

<blockquote>
«..... ordeñó con todo esmero
Las ovejas y cabras baladoras.
. . . .
La mitad de la leche que sacaba
Cuajó, y acomodola en canastillos.....» (1).
</blockquote>

Hombres y mujeres abandonan su indumento de pieles, porque de unas hojas largas y estrechas *(Linum angustifolium)* sacan un

____

(1) *La Odisea,* traducida directamente del griego en verso castellano por D. Federico Baráibar y Zumárraga, tomo I, libro noveno.—Madrid, 1912.

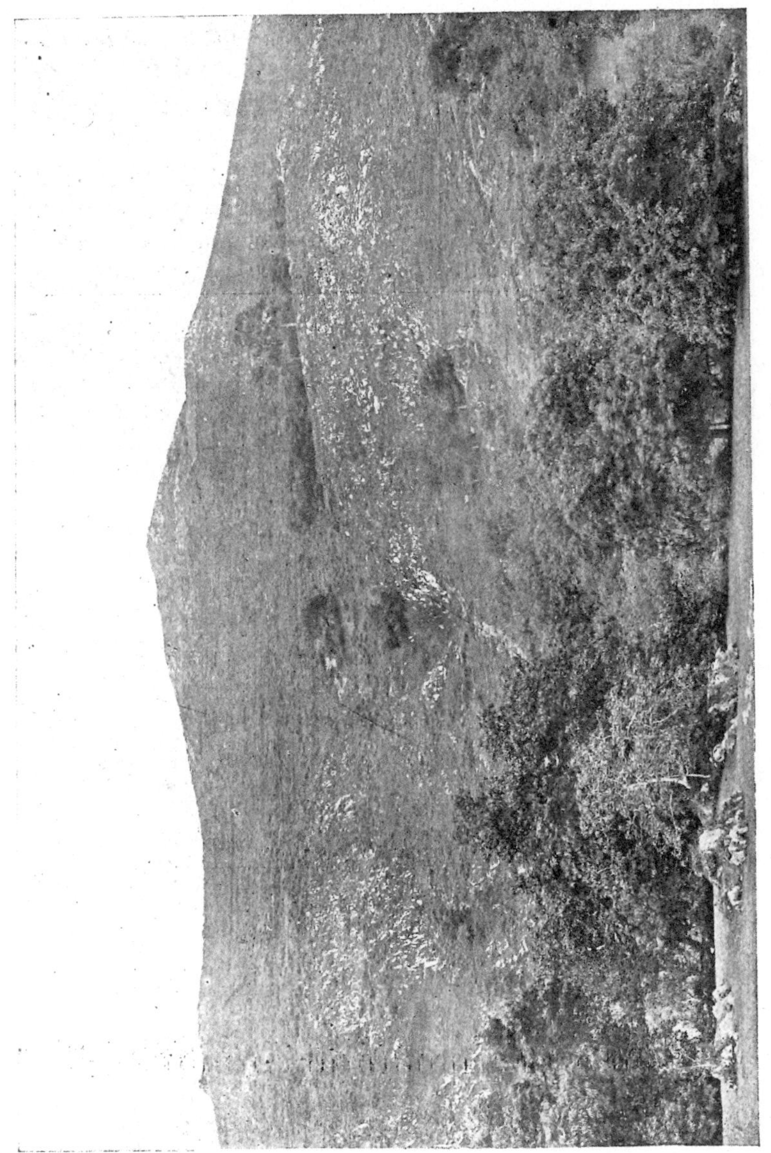

Fig 9.—Ladera septentrional del Pico del Castro, vista desde el prado de la Ermita.

filamento especial que la mujer entrelaza y cruza en los peines de un telar hechos con huesos de animales, y consigue labrar la tela para hacer vestidos. Para gala de la mujer se fabrican collares de cuarzo y otras alhajas que, al hallarlas ahora en los poblados prehistóricos, nos permiten columbrar la coquetería femenina en los tiempos primitivos.....

En fin, poco a poco se agrupan los hombres y se fortifican en las planicies de los picos y en los altozanos de los valles; sobre fuertes pilotes aparecen los palafitos o ciudades lacustres, y en medio de una arquitectura rudimentaria se desenvuelve la construcción de los monumentos megalíticos: *dólmenes, menhires, alineamientos, cromlechs.....*

Y un día de la edad prehistórica, varios hombres se fortificaron en el picacho de un monte de Caravia, conocido hoy en el concejo con el nombre de *Picu'l Castru.*

EL PICU 'L CASTRU

El monte donde se alza el Pico del Castro (Fig. 9) es de formación caliza y está situado entre las dos Caravias; linda con la carretera de Colunga á Ribadesella y dista del mar dos kilómetros.

Desde la arboleda, que se ve en su base septentrional, hasta la cúspide, hay 600 metros de distancia, con una pendiente de 55 por 100.

Partiendo de Caravia la Alta y siguiendo el camino de la Cristalera, se sube a la cima en 35 minutos próximamente; pero en la primavera o en el verano, para librarnos del calor solar, subiremos desde el Campón, caminando bajo la sombra del frondoso castañar y de las abiertas copas de cerezos floridos, o de ramas inclinadas que ofrecen al turista cerezas refrescantes envueltas entre hojas.....

Y pisando una alfombra de suave matiz, aromada por las plantas que allí crecen, y embellecida con las rosas de oro que forman los rayos del sol al pasar por entre los intersticios del ramaje, se llega a la fuente de la Llana, y después de beber agua cristalina en sus vasos de piedra, caminamos diez minutos más por un peñascal empinado y llegamos al Pico del Castro.

Estamos a 380 metros de altura, recibiendo las caricias suaves y delicadas de la brisa del mar y explayando la vista en todas direcciones para contemplar paisajes admirables.

Al Norte, el mar azul, cuya inmensidad parece que toca a la del cielo y entre cuyas olas reverbera vivamente la omnipotencia. Al Sur, se oye el armónico sonido de las campanillas y de los cencerros del ganado que pace en la verdina ladera del Fito; y detrás de éste, en la lejanía, los picos de Europa lucen sus crestones cubiertos de nieve deslumbrante.....

Al Este, Caravia la Alta, con sus hotelitos modernos y sus casas señoriales; al Sud-Oeste, el ingente Sueve sirviendo de pedestal a una cruz de dimensiones colosales que, clavada sobre el pico Pienzu, extiende sus brazos de oriente a occidente para proteger todo lo nacido.....

También se ve al Oeste el concejo de Colunga y Caravia la Baja alegre y laboriosa, mostrando sus vetustos caserones de as-

Fig. 10.—Excavando en la zona Este del Pico del Castro.

pecto noble, rodeados de frondosas pomaradas. Y abajo, en Valle, a los pies de este picacho, la casona donde hemos nacido y el campo de nuestros juegos infantiles.....

La leyenda

Alrededor del pico hay una terraza alfombrada de hierba, flores olorosas y tomillo; a esta terraza la llaman los caravienses *el corredor de los moros,* porque según la leyenda hubo en tiempos remotos, debajo de él, un hermoso palacio habitado por los moros,

al cual se entraba por la puerta de una cueva, situada al Sur del recinto. Y dicen que por las tardes salían a pasear al *corredor* en
compañía de hermosas moras.....

Un día subieron al pico del Castro varios guerreros y obliga-

Fig. 11.—Excavando en la zona meridional del
Pico del Castro. En el fondo, el pico Babú
(Sueve.)

ron a huir a los habitantes del palacio, pero antes de irse escondie-
ron en una de las habitaciones subterráneas una cadena de oro que
circunda el *corredor;* y esta cadena la limpian todos los años en la
mañana de San Juan las princesas que están encantadas bajo el
cristal de las fuentes vecinas.....

Basadas en esta leyenda, algunas personas del concejo hicieron someras excavaciones en busca de tan valiosa alhaja; y cuando vieron que también nosotros íbamos allí a excavar, hubo quien nos advirtió:

—No excave usted aquí; es al otro lado; es al mediodía donde encontrará la puerta del palacio.....

Y teniendo en cuenta la riqueza que el Castro atesora, los caravienses cantan esta copla popular:

> Vale más picu 'l Castru
> con sus argomales,
> que tou Ribesella
> con sus arenales.

Las primeras excavaciones

Hace algunos años formamos el propósito de practicar excavaciones en este sitio, confiados en que obtendríamos resultados satisfactorios. Fundábamos nuestro optimismo en el vocablo castro, aplicado a este pico, en que la terraza, cuando jugábamos en ella en nuestra niñez, ya nos parecía hecha por la mano del hombre, y en que también la leyenda dejaba adivinar algo que se había perdido en la lejanía del tiempo.....

Porque algunas leyendas no son tan fabulosas como a primera vista parece. Lo mismo que nos sucedió a nosotros les sucedió a los ingenieros belgas Enrique y Luis Siret, que hacían estudios de arqueología prehistórica en las provincias de Murcia y Almería, donde les contaron «que no lejos de la villa de Cuevas estaba enterrado un rey moro con inmensos tesoros». Excavaron y hallaron varias sepulturas, «una de las cuales contenía, entre otros objetos, un soberbio brazalete de oro» (1).

El 22 de Agosto de 1917, en la ladera meridional de la terraza, dimos un corte al terreno y el resultado no pudo ser más satisfactorio, puesto que pudimos comprobar la existencia de una fortificación prehistórica.

------

(1) *Les premiers âges du metal dans le Sud-Est de l'Espagne.*—Anvers, 1887.

Y con arreglo a la Ley de 7 de Junio de 1911 y Reglamento de 1.º de Mayo de 1912, el 6 de Septiembre de 1917 solicitamos de la Junta Superior de Excavaciones y Antigüedades autorización para hacer excavaciones y estudios en el Pico del Castro a cuenta de nuestro numerario. Por Real orden de 23 de Octubre de 1917 fuimos autorizados para hacer los trabajos en la forma que lo habíamos solicitado. También dimos cuenta de nuestro descubrimiento a la Real Academia de la Historia con fecha 15 de Octubre de 1917.

Técnica de la construcción del Castro

Estos monumentos, que en España son conocidos con el nombre de castros, abundan mucho en Galicia. Villaamil y Castro, «exploró más de 50 en una superficie de 900 kilómetros».

D. Bernardo Acevedo y Huelves, dice que en Boal, concejo situado en el occidente de Asturias, hay los castros siguientes:

—*Castro de Péndia.*

—*Castro de los Mazos.*

—*Castro de la Escrita.*

—*Castro de Ouria* (1).

El *Castellón* (concejo de Coaña) es un castro que fué estudiado por D. José María Flórez, y dice que es «del período de la dominación romana» (2).

Y en Cangas de Onís, Laviana, Sobrescobio y Los Oscos....., hay vestigios de castros y de fortificaciones antiguas (3).

En Colunga, concejo lindante con Caravia, conocemos los castros de La Riera, Castiellu, Villeda, Obaya y La Isla. «En Francia, sobre todo en la parte montañosa, hay numerosas fortificacio-

---

(1) *Boal y su Concejo,* por Bernardo Acevedo, página 42.—Oviedo, 1898

(2) *Memoria relativa a las excavaciones de El Castellón, en el Concejo de Coaña* (Asturias).—Oviedo, 1878.

(3) *Asturias,* tomo II.—Gijón, 1897.

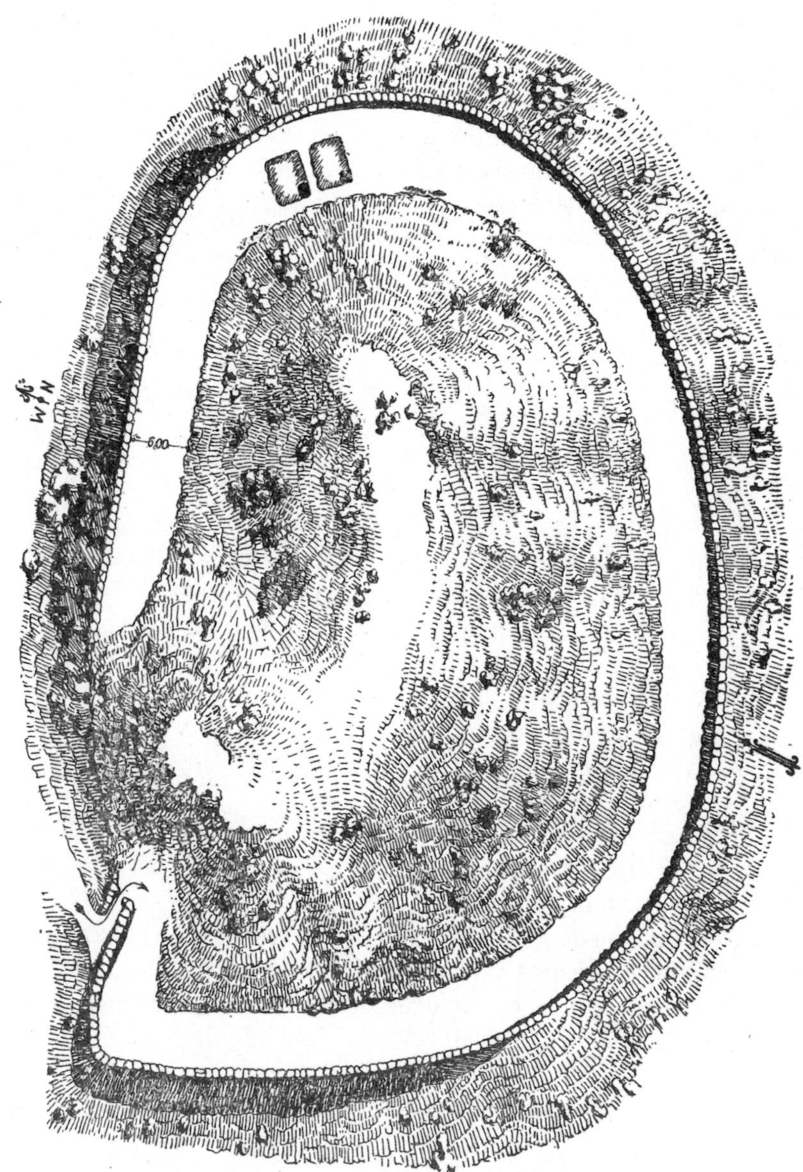

Fig. 12.—Planta del Castro. (Plano del autor.)

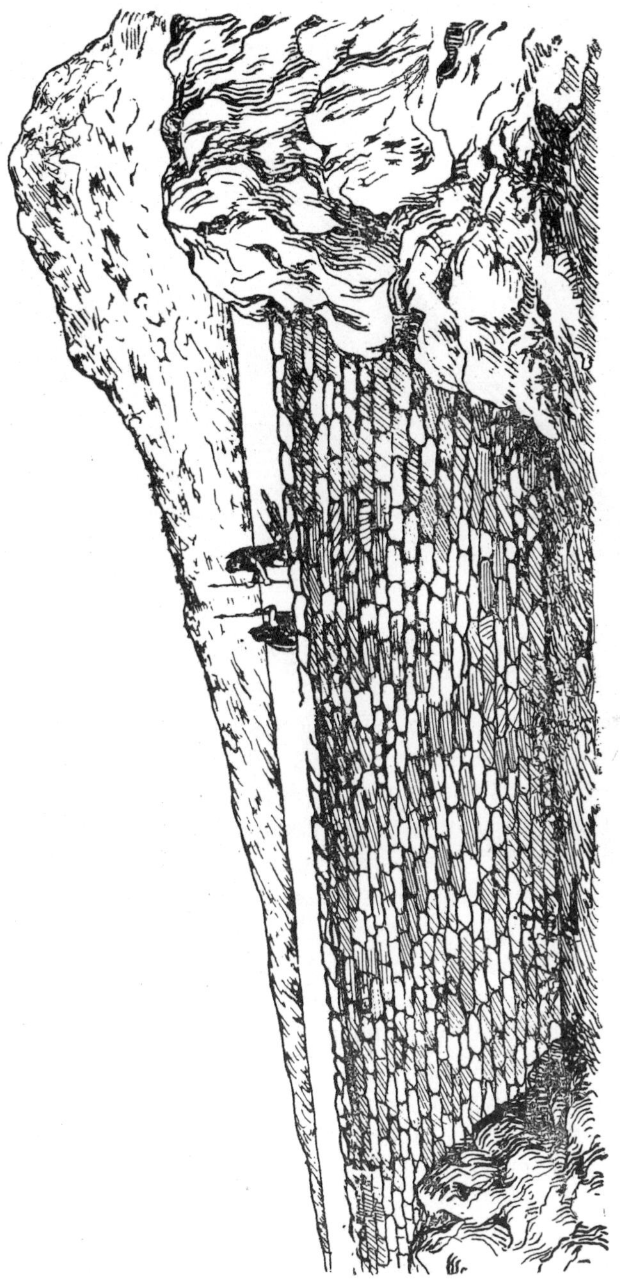

Fig. 13.—Reconstitución de un trozo de la muralla septentrional. (Dibujo del autor.)

nes de esta clase y amenudo designadas con el nombre de Chate-
lard, Chátre, Cam de César, o bajo otros nombres similares....» (1).

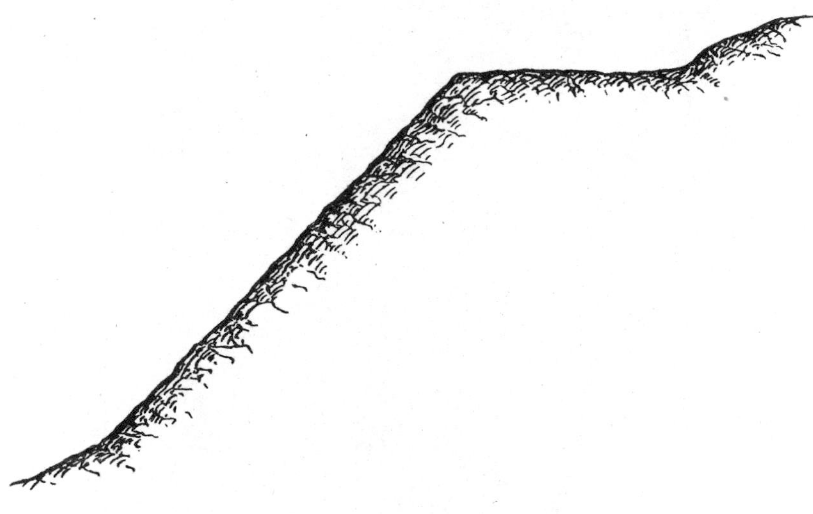

Fig 14.—Estado actual del recinto. (Sección transversal.)

La técnica de estas construcciones es la misma en todos los
países de Europa, y las dimensiones del recinto se acomodaban al
número de personas que habían de vivir en él. Este Castro que estudiamos tiene 225 metros de perímetro. Los recintos fortificados
más sencillos son los que están emplazados al borde de la escarpa
de una roca; en este caso basta cerrar por un lado la parte fran-
queable.

El Pico del Castro no tiene más que 30 metros lineales de fortificación natural y en ella se apoyan las extremidades de la terraza
(Fig. 12), formando una inclinación descendente de Oeste a Este,
como indica la figura 13.

Las fortificaciones de los castros son simples, dobles y a veces
triples, según, si tienen una, dos o tres terrazas escalonadas, las
cuales se comunican entre sí por medio de rampas en zig-zag, se-

____

(1) *Manuel d'Archéologie préhistorique Celtique et Gallo-Romaine,*
par Joseph Déchelette, tomo I, pág. 369.—París, 1908.

gún hemos visto en alguno de los castros del concejo de Colunga; la forma es eclíptica o circular.

Parece, a primera vista, que las terrazas están sostenidas por taludes rígidos de 45 grados de inclinación; así lo creímos nosotros

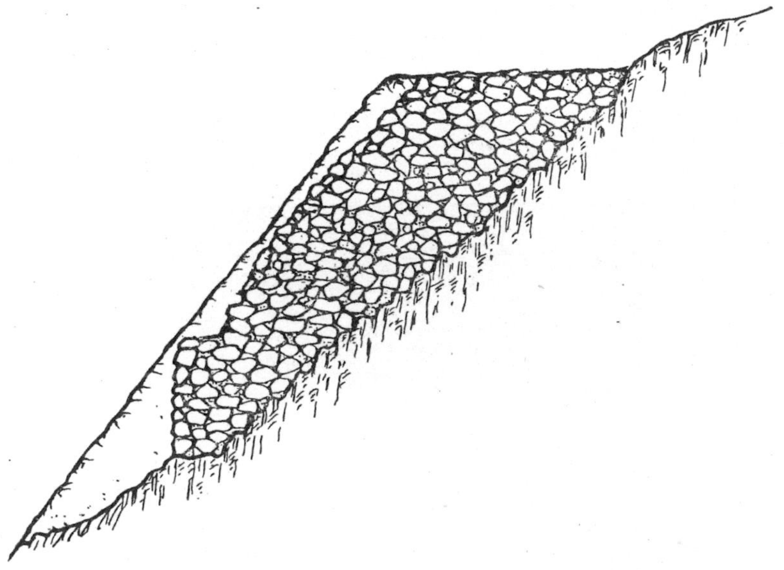

Fig. 15.—Estado en que se hallan las obras de fábrica.

cuando empezamos los estudios de este Castro y vimos que tenía la forma así: (Fig. 14.)

Pero luego supusimos que esta fortificación era deficiente por lo fácil que sería trepar por el talud, franquear el parapeto y atacar el poblado. Y pensamos si con el transcurso de los siglos las tierras arrastradas por las aguas pluviales desde lo alto del promontorio habrían formado el talud y tapado la muralla. Entonces dimos un corte al escarpe y hallamos la fortificación según indica la figura 15.

Después de estudiar detenidamente las obras, llegamos a la conclusión de que el estado actual de las mismas no obedece al arrastre de los materiales por medio de las aguas, sino a otra causa relacionada con un hecho histórico que expondremos en el capítulo siguiente.

Como el pico no tiene planicie, sobre la roca viva construyeron una muralla vertical, empleando la misma técnica que la que empleaban los constructores de murallas neolíticas: «piedra en bruto mezclada con tierra.» Y detrás de la muralla, formando cuerpo con ella, echaron piedra mezclada también con tierra, formando así la superficie de la terraza sobre la escarpa del monte (Fig. 16).

Y cuando hallamos la obra de fábrica, según la figura 15, nos pareció que sobre aquellos restos podíamos reconstituir la muralla,

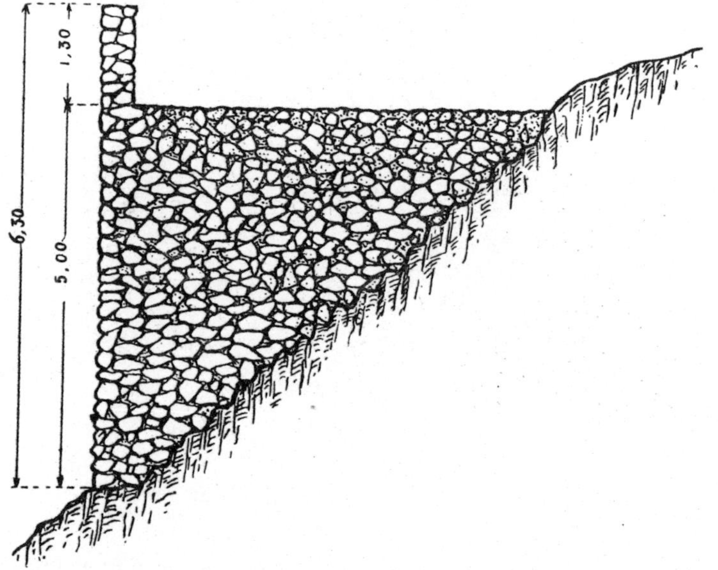

Fig. 16.—Reconstitución de la muralla septentrional. (Sección transversal.)

y la reconstituímos en la forma expuesta en las figuras 13 y 16. Existen restos de la muralla en todo el perímetro del Castro.

El parapeto de la terraza era de mampostería, como lo demuestra la figura 17, donde se ve cerca de la cúspide una faja de piedra blanca que indudablemente perteneció a dicho parapeto. Y suponiendo a éste un metro treinta centímetros de altura, resulta que en algunas partes la muralla tenía seis metros treinta centímetros de elevación (Fig. 16). La piedra para fabricar esta obra existía dentro del recinto, y el plegamiento de las capas calizas permite arrancar con gran facilidad lajas de diez a veinte centímetros de espesor.

Este Castro era una verdadera obra de ingeniería, un anillo de piedra ajustado al contorno de un picacho, una fortaleza inexpugnable sobre una atalaya que domina valles y barrancos y avizora las cumbres y el mar..... Los habitantes de este Castro disponían de piedras en abundancia, y en caso de ser atacados, con sólo

Fig. 17.—Vista de la zona meridional del Pico del Castro, desde Teyeu.

echarlas a rodar por las escarpas era difícil que nadie se acercase a la muralla. Y por medio de hogueras podían hacer señales a los habitantes de los castros del concejo de Colunga en caso de que las tribus que vivían al otro lado del monte del Fito trataran de invadir el territorio de la costa. El Pico del Castro era el centinela guardián de los términos de Caravia y del valle colungués.

Todas estas obras han sido atribuídas a los romanos, pero está demostrado, y además lo confirman nuestros hallazgos, que son erróneas tales afirmaciones; por eso ya nadie se toma la molestia de refutarlas.

Interior del Castro

Se entraba al Castro, por una rampa construída en zig-zag, la cual está señalada con una flecha en la figura 12. Como los flancos de la rampa están formados por rocas escarpadas, un pequeño grupo de hombres colocados en dichos flancos eran suficientes para obligar a pagar caro el ingreso al recinto a cuantos quisieran hacerlo por medio de la fuerza.

Fig. 18.—Fragmentos de cerámica neolítica, mitad del tamaño natural.

En el interior del Castro se eleva un promontorio formado de piedras calizas, entre las cuales nacen abundantes árgomas y flore-

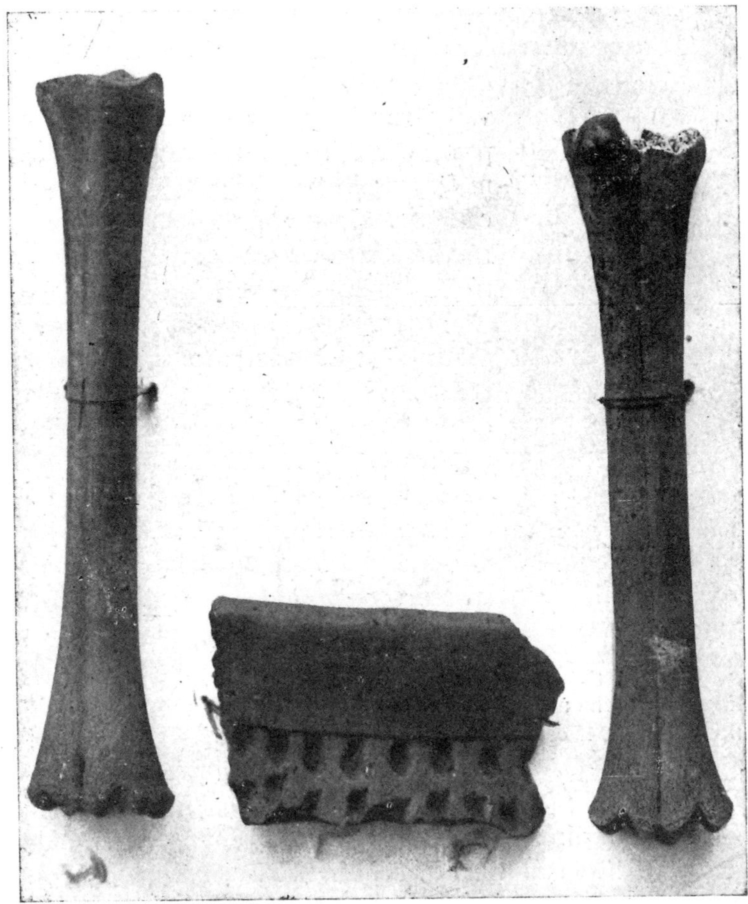

Fig 19.—Herramientas de hueso para hacer ornamentación incisa en los vasos. Tamaño natural.

cillas silvestres; de trecho en trecho hay algunos claros cubiertos de hierba.

La terraza tiene seis metros de ancho, excepto el sector Este, que tiene nueve; y no siendo el borde exterior, que se derrumbó con la muralla, se conserva en buen estado, no hay en ella señales de excavaciones, únicamente en la muralla meridional han hecho algunos vecinos de Caravia una pequeña zanja para buscar la «puerta del palacio que encierra el tesoro.....»

El 1.º de Agosto de 1918 eligimos varios puntos al Norte y Sud-Este de la terraza para comenzar en ellos las excavaciones de una manera metódica. Primeramente abrimos varias zanjas, y a los pocos golpes de zapapico aparecieron restos abundantes de animales, productos marinos, lechos de ceniza, carbón vegetal, resina, fragmentos de cerámica, objetos de piedra, de bronce, de hierro..... ¡todo revuelto!

Las zanjas nos muestran la forma en que están colocadas las capas del material que constituye la terraza, y después de quitar un espesor de veinte centímetros de tierra vegetal en una superficie adecuada al caso, apareció un pavimento de arcilla batida de siete a diez centímetros de grueso. Se barrió el pavimento y entonces pudimos notar unos, al parecer, *rectángulos* que tenían poco más de cuatro metros por tres aproximadamente. Debido a la descomposición del suelo no hemos podido apreciar con exactitud aquellas dimensiones, pero creemos que las que aquí indicamos se aproximan a la verdad.

Fig. 20.—Hacha neolítica; longitud, 13 centímetros.

Dichos *rectángulos* (Fig. 12) están separados unos de otros noventa centímetros, y en una *esquina* de cada *rectángulo* había un lecho de ceniza, había señales evidentes de un hogar.

Estas figuras ¿representan las plantas de las chozas de los habitantes del Castro? Nosotros creemos que sí.

El espacio comprendido entre *rectángulo* y *rectángulo,* el cual no está pavimentado de arcilla, ¿será el cimiento de una pared común a dos viviendas? Nuestra pericia en las construcciones no es suficiente para resolver este problema que a su vez está ligado con otros que desconocemos.

Según los vestigios que hemos hallado, la edificación formaba una sola línea y ocupaba todo el perímetro, quedando un pasillo entre las viviendas y el parapeto. El Castro se surtía de agua de las

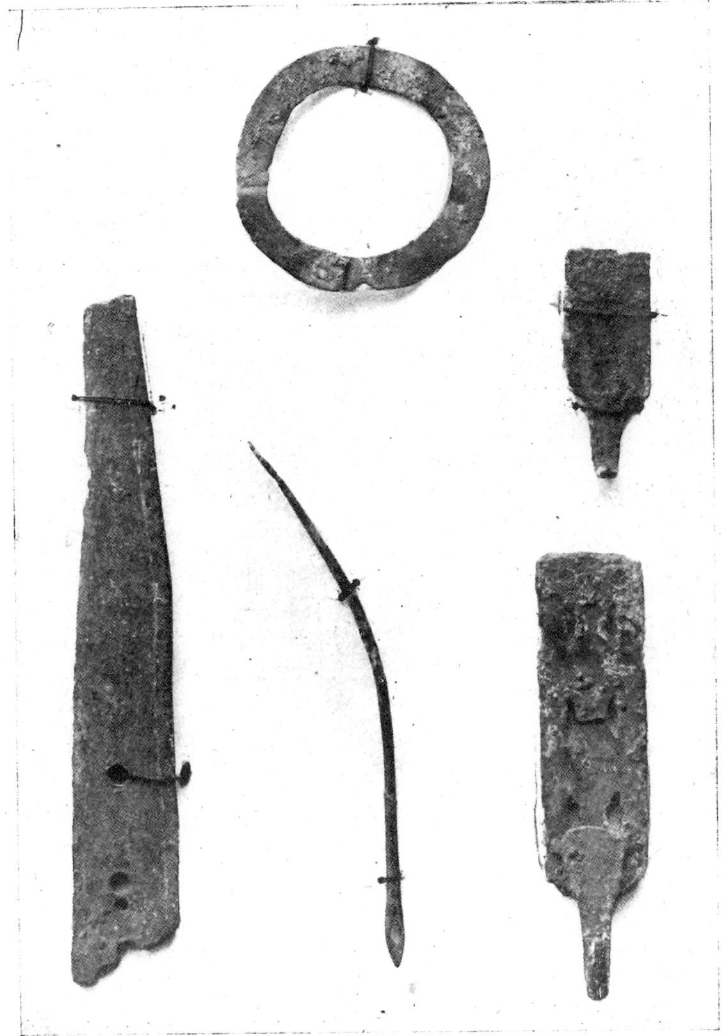

Fig. 21.—Hoja de cuchillo y aguja de bronce; disco y ganchos de cinturón de cobre; tamaño natural. Último período de Hallstatt.

fuentes de la Llana y del Alisu, distantes 300 y 400 metros del recinto.

Hemos calculado sobre el plano (Fig. 12) que aquí había 45 locales; algunos estarían destinados a guardar ganado. Suponemos que la población se componía de 30 familias con 8 personas cada

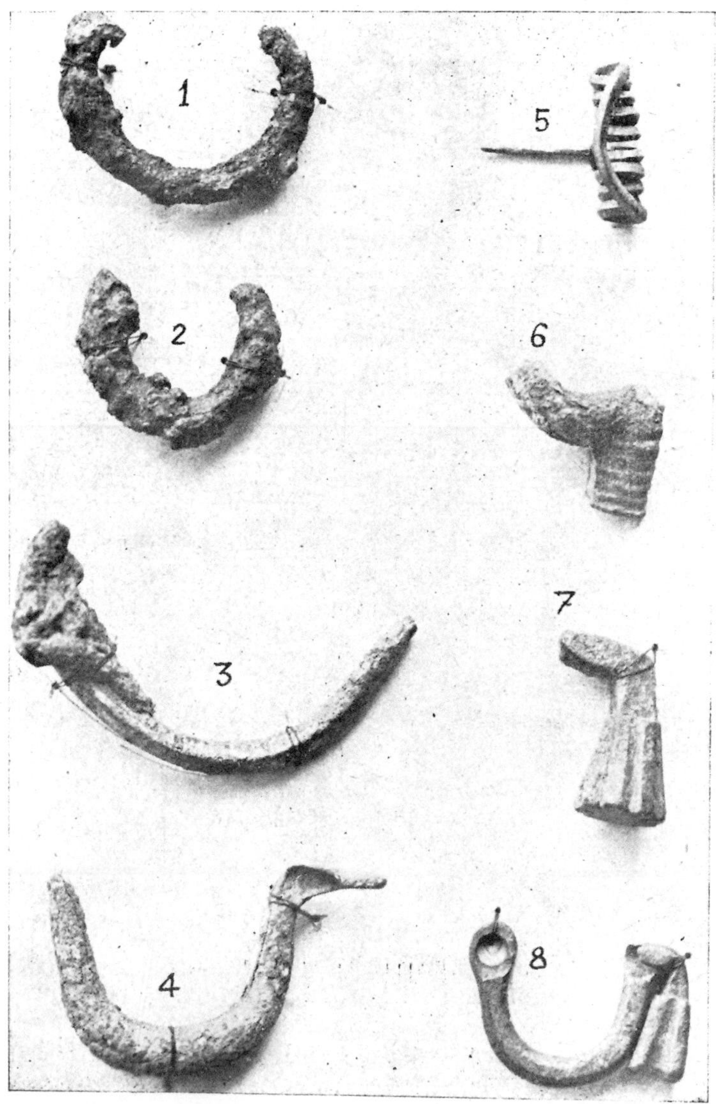

Fig. 22.—Fíbulas de bronce (las señaladas con el núm. 1 y 2 son de hierro); tamaño natural. Último período de Hallstatt.

una=240 habitantes. Este es, a nuestro juicio, la capacidad normal que tiene el Castro.....

Y al levantar el pavimento de arcilla para registrar el subsuelo de aquellas viviendas, temblábamos de emoción. ¿Qué secretos—pensamos—descubriremos aquí dentro?

Pronto hallamos, al lado de armas, de herramientas de trabajo y de utensilios de uso doméstico, adornos femeninos: las cuentas del collar de piedra que la mujer lució coquetonamente en su cuello, las fíbulas de bronce y de hierro con que prendió sus túnicas de lana o de lino, los pendientes broncíneos que adornaron sus orejas, las agujas con que cosió sus vestidos, fragmentos del vaso que llevó a sus labios para beber el agua cristalina de la fuente del Alisu.....

Jamás persona alguna cogió ni palpó las valiosas alhajas que luce una dama en fastuoso salón, con

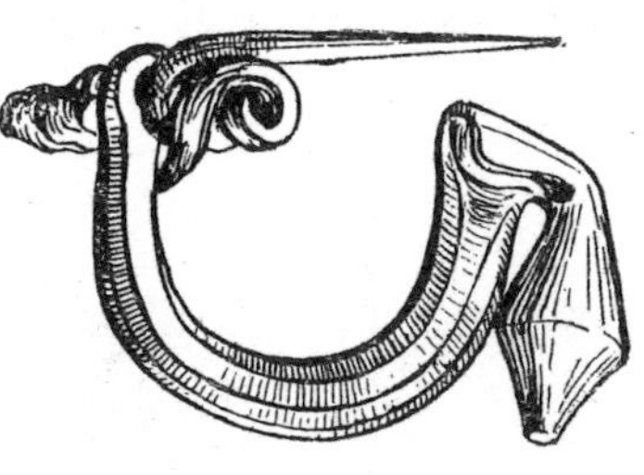

Fig. 23.—Fíbulas de bronce; tamaño natural. Último período de Hallstatt.

el placer espiritual que nosotros lo hicimos, en el hoyo de una cabaña, con las humildes alhajas de la mujer prehistórica.....

No presentamos dibujos de las distintas capas del campo porque no es posible separarlas bien; debajo de los objetos de bronce y de hierro hallamos los fragmentos de cerámica neolítica, y ahondando más, en algunos sitios, hemos visto piedras ennegrecidas, pero el estar así fué debido a la filtración de la ceniza de los hogares superiores.

A 60 centímetros bajo el pavimento de arcilla no se encuentra objeto alguno; los habitantes del Castro enterraban dentro de las viviendas y alrededor de éstas productos marinos y restos de animales, por lo cual removieron todo el terreno. Entre dichos restos abundan los de jabalí y los de ciervo, y entre los productos marinos la *Litorina litorea,* la *Patella,* el *Cardium,* y en gran abundancia la *Púrpura;* ésta, en la actualidad, no se encuentra en la orilla de la costa.

Publicamos aquí las fotografías de los objetos más importantes que hemos descubierto. No encontramos ninguna moneda, lo cual

Fig. 24.—Tamaño natural. Fíbula de bronce representando un caballo ibérico.

confirma lo dicho por Strabon: que no la usaban cántabros y astures.

Tampoco hemos hallado ni un solo vestigio de la dominación romana, prueba evidente de que este Castro ni fué construído por los romanos ni habitaron en él. Cuando la guerra cantábrica, Roma obligó al vencido cántabro-astur a descender de las colinas fortificadas y establecerse en los valles.

Y según nuestra opinión (página 39) fueron los romanos quienes desmantelaron el Castro, dejándolo en la forma que se ve en la figura 15, para que no lo volvieran a ocupar sus defensores; y así destruirían las demás fortificaciones del territorio conquistado, excepto las que creyeron conveniente ocupar, mejorándolas con nuevas obras; y como es natural que en estas fortalezas se hallen ahora vestigios de la dominación romana, he aquí por qué muchos escritores atribuyeron a los romanos la construcción de los castros.

Si los que tal afirman hubieran hecho excavaciones metódicas en esta clase de fortalezas, hallarían señales evidentes de haber sido ocupadas por otras razas muchísimo tiempo antes de que los roma-

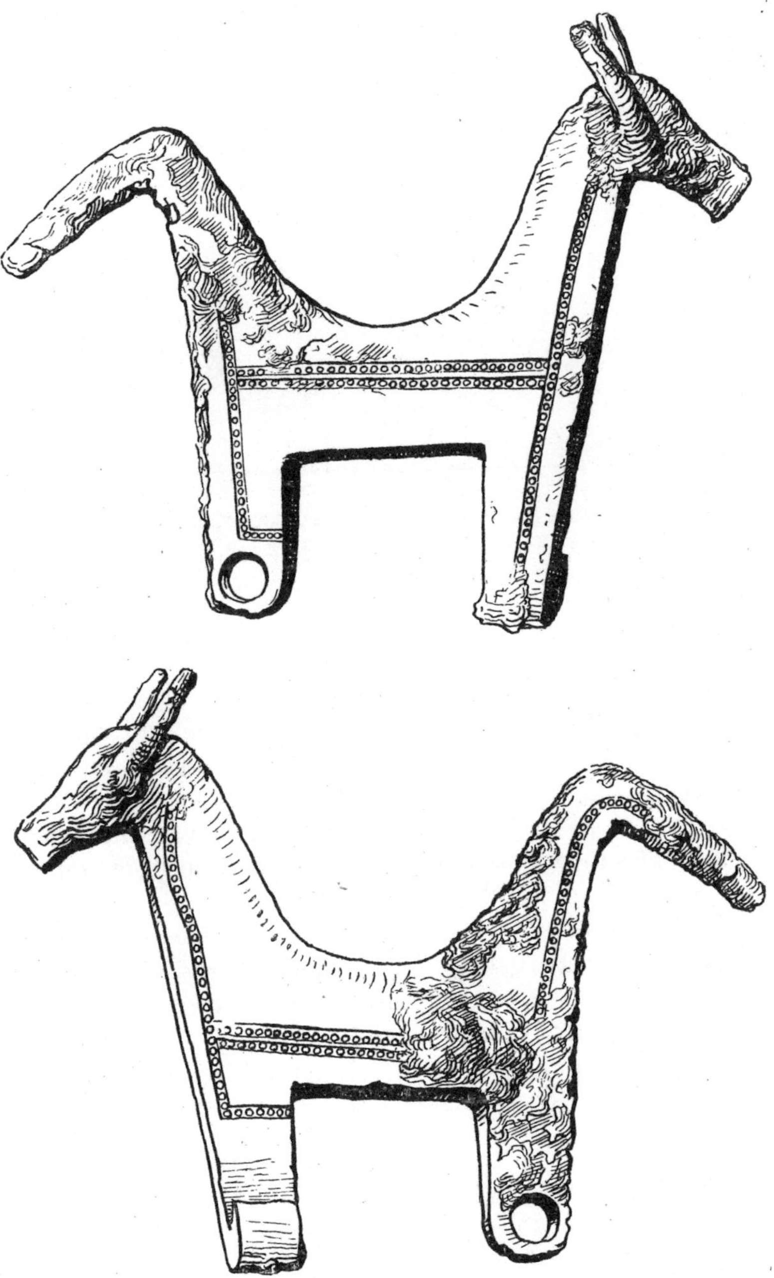

Figs. 25.—Dibujos de la figura 24 en tamaño doble.

nos llegaran a la costa asturiana. Las fortificaciones romanas tienen diferente estructura que los castros.

Vera y Aguiar (1) consideraba los castros como «templos de los celtas gallegos», dando tan peregrinas razones como «la forma

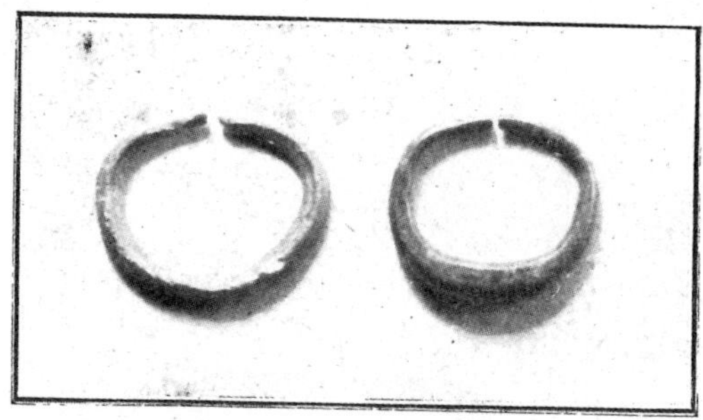

Fig. 26.—Pendientes ibéricos de bronce.
Tamaño natural.

perfectamente circular de todos ellos» y la semejanza que creía encontrar con los círculos de los druídas de Escocia, que son los mismos castros llamados allí en lengua céltica *Cairn* (2).

No se puede continuar atribuyendo a los celtas la construcción de los castros porque éstos son anteriores a la entrada de aquéllos en España; según Déchelette, los primeros informes concernientes a los celtas no pasan más allá del siglo v, y agrega que debieron entrar en nuestra península por la extremidad Oeste de los Pirineos, hacia el año 500 antes de Jesucristo.

El general francés Noë atribuye a estos recintos un carácter religioso. Y un escritor gallego opinaba que los castros «fueron erigidos para plantar y adorar en ellos la encina consagrada al Dios Teut por la religión druídica.....» (3).

Está demostrado que los castros son poblaciones fortificadas, pero esto no quita que sus moradores tuvieran en ellos su altar; el

____

(1) *Historia del Apóstol Santiago,* fol. 141.

(2) *Historia de los heterodoxos españoles,* por D. Marcelino Menéndez y Pelayo, tomo I, pág. 124.—Madrid, 1911.

(3) *Historia política, religiosa y descriptiva de Galicia,* por D. Leopoldo Martínez de Pandín, tomo, I págs. 234 y ss.- Madrid, 1849.

Marqués de Cerralbo halló en un castro vestigios de un templo me-
galítico (1).

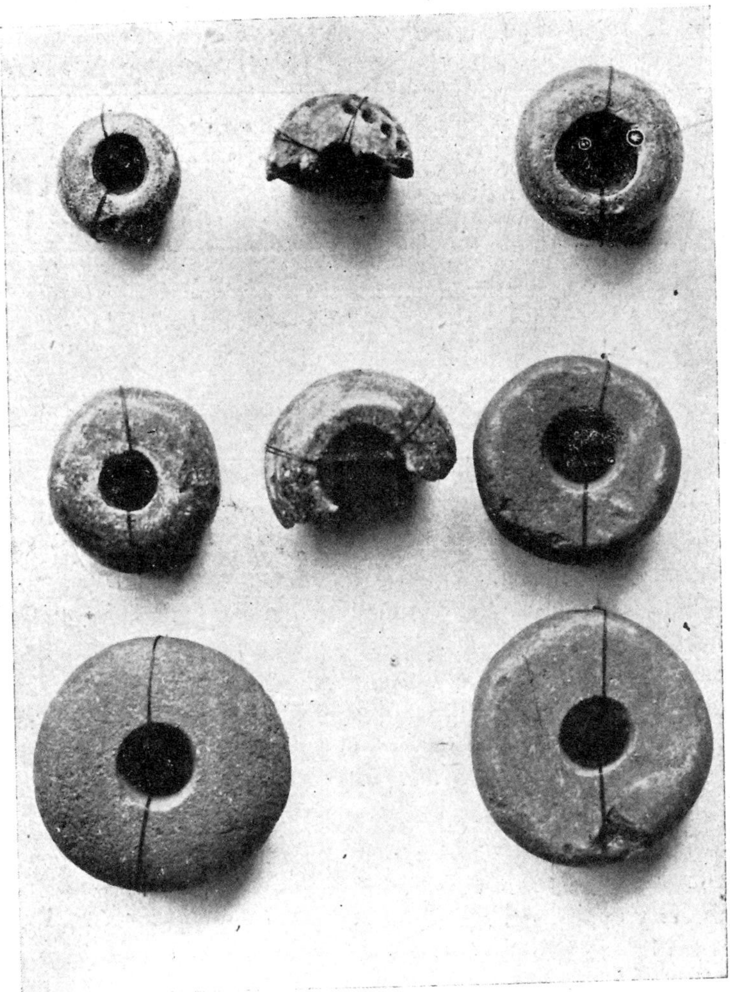

Fig 27.—Fasaïolas y cuentas de collar de piedra; tamaño natural.
Época, entre Hallstatt y la Téne.

Nosotros, en este Castro, no hemos hallado ídolos ni ninguna

____

(1) *El Alto Jalón,* por D. Enrique de Aguilera y Gamboa, Marqués de
Cerralbo, pág. 77.—Madrid, 1909.

otra clase de signos religiosos. También hicimos exploraciones fuera de la muralla, y sobre todo en la entrada de la cueva del Sumidoriu para ver si sobre aquel peñasco había algún ídolo grabado y pintado como el de Peña Tu.....

Fig. 28.—Desarrollo de la fusaïola.

La tribu

Hablando de la organización de las gentes primitivas de Asturias, «Plinio asegura que los astures (augustanos y trasmontanos) constituían 22 pueblos o tribus en el siglo 1.º de Cristo, que sumaban en junto unas 244.000 cabezas libres.....»

Estaban organizados «de menor a mayor, la familia, el clan, la tribu y la federación de tribus.....»

«Cada clan contaba con su *castro* o lugar fuerte, al que se acogía en momentos de peligro, y existía a la par otro asilo de superior importancia, la fortaleza o ciudadela central de la tribu, que tal vez se denominaba *Contrebia* (de *trebia,* tribu, y *cum, com* o *cam)*.....» (1).

El hombre, al instalarse en una colina, la circundó de una muralla protectora contra los ataques de las fieras y contra los de los hombres, y dentro del recinto encerraba a sus ganados por la noche para librarlos de los robos y de los animales dañinos.

Y cuando el castro fué insuficiente para contener el aumento de la población, ésta se desbordó por las laderas de la colina hasta el llano, ampliando las zonas de cultivo.

Desde este Castro vemos los sitios que ocuparon los del con-

---

(1) *Monografía de Asturias,* por Félix de Aramburu y Zuloaga, pág. 30. Nota.—Oviedo, 1899.

cejo de Colunga; el más lejano dista de aquí siete kilómetros; éste
es quizá uno de los mejores puntos conocidos, desde el cual puede

Fig. 29.—Fragmentos de cerámica hallstattiana. Mitad del tamaño natural.

el investigador estudiar y formar un juicio casi exacto de cómo vivían los habitantes de esta costa antes de la dominación romana.

El Pico del Castro fué la Caravia primitiva, y su radio de acción debió de ser desde el mar a la cumbre del monte del Fito, y desde el río de la Espasa al río de Cerracín, casi los mismos límites que tiene el concejo desde tiempos muy remotos.

Los habitantes de esta jurisdicción estarían aliados con sus vecinos de Colunga, que poseían cinco castros, formando así una de las tribus de que nos habla Plinio.

Cronología del Castro

No es fácil hacer una afirmación categórica sobre la cronología de este Castro; en él hay algunos vestigios de la industria neolítica y de ocupaciones sucesivas, desde la época de Hallstatt hasta el final de la Téne.

El hombre primitivo quizá no pudiera vivir en el territorio caraviense al cobijo de las cuevas, porque éstas casi todas sirven de paso a corrientes de agua, y por lo tanto no reunían condiciones de habitabilidad..... Pero cuando más tarde se dedicó al pastoreo y a la agricultura, desde luego pensaría en ponerse al abrigo de un Castro.

La necesidad en esta zona de un recinto fortificado, la técnica de la construcción de la muralla y la infinidad de fragmentos de cerámica neolítica que encontramos en las capas inferiores, son datos que nos invitan a emitir la hipótesis de que el Castro se remonta cuando menos a la edad del bronce, la cual comprende, según la cronología de Déchelette, desde el año 2.500 al año 900 antes de Jesucristo.

Algunos fragmentos de la cerámica arriba citada, compuestos de arcilla negra mezclada con granos de cuarzo hialino y espato calizo, conservan la impresión del molde que usó el alfarero para construir los cacharros. (Fig. 18.)

En el pico de la Forquita existen bancadas de cuarzo hialino, y el espato calizo abunda en la pintoresca loma de la Cristalera; ambos lugares, próximos al Castro. Y que en éste se hacían trabajos de alfarería, lo demuestran las herramientas de hueso que usaba el artista para hacer la ornamentación incisa en los vasos. (Fig. 19.)

Entre los objetos que hemos encontrado figura una hacha neolí-

tica; quizá algún individuo o familia del Castro la guardaba como
amuleto; en la edad de la piedra pulimentada, y aún más tarde, el

Fig. 30.—Fragmentos de cerámica. Época de la Téne.
Tamaño aproximado al natural.

hacha y la doble hacha han sido objeto de un culto; en algunas ciudades de Grecia aparece sobre la cabeza del toro sagrado que sirve de motivo de ornamentación en algunos vasos.....

Y los lictores la llevaban como insignia ante los cónsules. Esta arma y herramienta a la vez (Fig. 20) que Ovidio llamó *ceráunia,* en Asturias los aldeanos la llaman *piedra del rayo* y le atribuyen virtudes que explicaremos más tarde al tratar de los mitos y supersticiones.

Época de Hallstatt

Después de los objetos neolíticos que acabamos de describir, vienen otros correspondientes a la primera edad de hierro o época de Hallstatt, que comprende desde el año 900 al año 500 antes de Jesucristo. Esta época es interesantísima, porque con ella comienza la transición del bronce al hierro, y por lo tanto se inicia la industria siderúrgica.

«—Las divisiones de los tiempos protohistóricos, llamados Hallstatt y de la Téne, no se aplican más que a los países de la Europa central y occidental, sobre todo a las regiones ocupadas por los celtas, ligures, germanos, ilirianos e iberos..... La cultura hallstattiana se extiende desde la Península Ibérica hasta el Sud-Oeste de Hungría; dicha cultura está representada al Oeste de nuestra Península» (1).

Y desde ahora hay que añadir que también tiene representación en Asturias, puesto que nosotros hemos encontrado en Caravia una estación hallstattiana.

Fíbulas

Las fíbulas representadas en la figura 22 corresponden al último período de Hallstatt; alguna de ellas es igual a las fíbulas de

---

(1) Déchelette, obra citada, segunda parte, págs. 517 y 589.

Fig. 31.—Azuela de hierro; tamaño natural. Época de la Téne I.

arbaléte, encontradas en Santa Lucía. Y la que ocupa la parte inferior en la figura 23 tiene la cola acodada y termina con un botón cuadrangular, exornado con nueve círculos y un punto inciso en el centro de cada círculo; el apéndice de la fíbula, reproducida en la parte superior de la misma figura, lo forman dos conos unidos por la base, y tiene alguna semejanza con un pendiente encontrado en

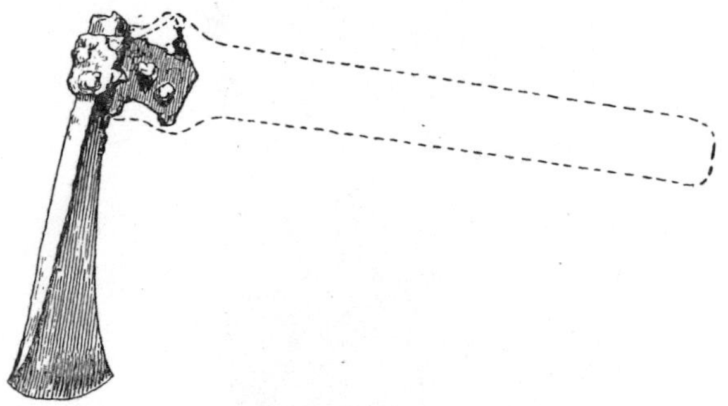

Fig. 32.—Enmangado de la azuela (Fig. 31).

el mismo sitio que las fíbulas de *arbaléte* (1). Dicha fíbula parece de fabricación indígena; el metal que forma su arco es de igual diámetro que el de las barritas de bronce que encontramos en las excavaciones.

Una de las fíbulas (Fig. 22, núm. 4) es igual á otras encontradas en *El Santuario ibérico de Castellar de Santisteban,* las cuales pertenecen a distintas épocas de la Téne (2).

El modelo de fíbula más interesante en España al final de la primera edad de hierro, y sin duda en fecha más reciente,—dice Déchelette que es la *fíbula* del *caballero* o del *caballo;* los ejemplares son de fabricación indígena, pero los modelos son itálicos y debieron ser importados por el comercio etrusco o griego—.

La interesantísima fíbula de bronce de nuestra colección, representando un caballo, quizá haya sido importada por el comercio griego; en su ornamentación se ve la influencia helénica. (Fig. 24.)

El adorno de dicha fíbula, dibujado en las figuras 25, amplia-

____

(1) Déchelette, obra citada, segunda parte, págs. 685, 842 y 853.—París, 1913.

(2) *El Santuario ibérico de Castellar de Santisteban,* por Raymond Lantier, con el concurso de Juan Cabré Aguiló, prólogo de Pierre París. Lámina XXXV, número 1 y 2.—Madrid, 1917.

ciones del original, no representa los característicos círculos ibéricos, es una ornamentación cupuliforme, en bajo relieve, hecha con
un troquel.

La figura 26 representa unos pendientes ibéricos.

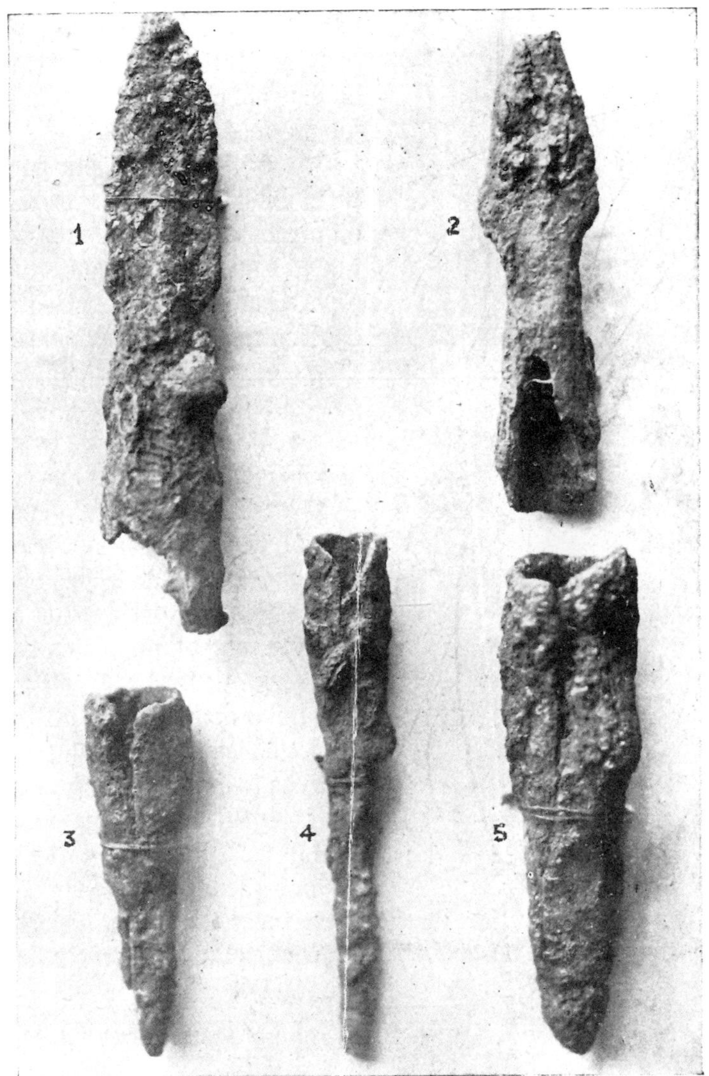

Fig. 33.—Armas de hierro; tamaño natural. La Téne I o fin del Hallstatt.

Hemos encontrado una cantidad regular de fragmentos de cerámica hallstattiana. En el campo de la Potra y en Teyeu, lugares que distan menos de un kilómetro del Castro, toparon los habitantes de éste abundancia de arcilla para fabricar sus cacharros.

Los alfareros, después de batir la arcilla, para darle trabazón, empleaban los mismos procedimientos que los fabricantes de cerámica neolítica: la mezclaban con espato calizo y cuarzo hialino. Como en aquella época no conocían el torno, construían las vasijas a mano, y después de secarlas al sol las cocían al aire libre.

Por efecto de la mala coción, las paredes de las vasijas presentan una coloración rojiza de un milímetro de espesor nada más, mientras que el interior es de color gris verdoso.

La ornamentación de la cerámica hallstattiana se compone de motivos geométricos. Algunos de los fragmentos representados en las figuras 29 y 30 tienen idéntica ornamentación que la cerámica encontrada por el Sr. Boch en las cuevas de la provincia de Logroño (1).

Y sobre los vértices de los

Fig. 34.—Hoz de hierro; longitud, 20 centímetros. La Téne I o fin del Hallstatt.

(1) Pedro Boch y Guimpera. *La cerámica Hallstattiana en las cuevas de Logroño*. Lámina I, n.º 6 y 7, y lámina II, n.º 1.—Madrid, 1915.

triángulos (Fig. 30) aparecen los «círculos ibéricos», llamados así por los arqueólogos.

Fusaïolas y cuen-
tas de collar

Ocupan la parte inferior en la figura 27 cuatro *fusaïolas,* de piedra arenisca una, de pizarra otra, y dos de arcilla mal cocida; la *fusaïola* de pizarra tiene en su contorno varios agujeritos hechos con una herramienta de un diámetro como el de una aguja (Fig. 28). En los palafitos de la edad de bronce se han encontrado *fusaïolas* con ornamentación incisa.

Todavía no se sabe a punto fijo para qué servían estos discos; mientras unos dicen que se empleaban en la industria del hilado, otros les llaman pesos de red. El Excmo. Sr. Marqués de Cerralbo halló dentro de dos urnas cinerarias el conocido disco, y dice «que más le tendría por amuleto al resultar único en cada urna, siendo tan pobre su material al lado de objetos de bronce» (1). Hay en nuestra colección una *fusaïola* que tiene la misma forma que la piedra inferior de un molino de mano.

Es evidente que las cuatro *fusaïolas* arriba citadas han girado alrededor de una cuerda, como lo demuestra el desgaste de los bordes de los agujeros (Fig. 27). En la parte superior de esta figura están representadas cuatro cuentas de collar de pizarra; una con ornamentación incisa. Lo mismo las cuentas de collar que las *fusaïolas* tienen su cronología entre Hallstatt y la Téne.

Fig. 35.—Puñal de hierro; longitud de la hoja, 15 centímetros. La Téne I o fin del Hallstatt.

<hr>

(1) *El Alto Jalón,* por D. Enrique de Aguilar y Gamboa, Marqués de Cerralbo, pág. 98.—Madrid, 1909.

En el centro del territorio céltico, en las regiones próximas al Rhín medio, 500 años antes de Jesucristo,—dice Déchelette, «—se constituyó esta nueva cultura.

Fig. 36.—Piedra afiladera.

Los límites cronológicos de la época de la Téne pueden determinarse con exactitud suficiente:

La Téne I (del año 500 al año 300 a. de J. C.).

La Téne II (del año 300 al año 100 a. de J. C.).

La Téne III (del año 100 a la Era Cristiana)».

En la segunda edad de hierro o época de la Téne se modifican los armamentos, aumentan los útiles de trabajo y se enriquecen los objetos de adorno. La conquista territorial de los celtas extiende pronto esta civilización sobre una área geográfica extensísima y pe-

Fig. 37.—Cuchillas, y navajas de afeitar, de hierro; tamaño natural.
Época de la Téne.

netra en todas las regiones de Europa, donde esos pueblos ejercieron sus dominios.

El sabio autor del *Manual de Arqueología prehistórica, céltica y galo-romana* divide en tres grandes provincias geográficas el vasto territorio de la civilización de la Téne:

1. Provincia céltica continental.
2. Provincia céltica insular.
3. Provincia germánica.

La zona céltica continental comprende la Galia, Alemania del Sur, Austria-Hungría, Italia del Norte o Galia cisalpina y el Norte de España.

También Asturias recibió la cultura de la Téne; nosotros encontramos en Caravia la representación de sus tres períodos. A la Téne I corresponde la azuela de hierro que reproducimos en la figura 31; su perfil deriva del hacha de bronce. Y es singular el sistema del aparato para recibir el mango; consiste este sistema en una abrazadera de hierro fuertemente unida a la azuela; la abrazadera tiene una ranura en la cual quedaba sujeto el mango por medio de tres clavos que le atravesaban (Fig. 32). El mismo procedimiento emplearían aquellas gentes para enmangar las hachas, colocando la abrazadera en dirección al canto de la herramienta.

Las armas reproducidas en la figura 33 corresponden a la Téne I o fin del Hallstatt; lo mismo ocurre con los objetos de las figuras 34 y 35.

La figura 37 representa varios objetos cortantes, entre los cuales hay algunas navajas de afeitar. Se sabe que esta prenda de aseo ya estaba en uso en la edad de bronce, porque se encontró al lado de la espada en algunas sepulturas de Borgoña.

Y en la época de Hallstatt continuó el uso de la navaja de bronce; había escasos ejemplares fabricados de hierro. Las navajas de afeitar que aparecen en las tumbas hallstattianas indican—según Déchelette—que la supresión de una parte de la barba era para los guerreros señal exterior de un rango aristocrático. Y agrega que los textos y los monumentos figurados indican que los celtas de los tiempos históricos hacían uso de esta navaja.

En la época de la Téne se emplea solamente el hierro para su fabricación.

Déchelette publica varios dibujos de navajas de afeitar, de hoja

arcada y recta, correspondientes á la época de la Téne. Una de la
que nosotros reproducimos (la segunda empezando por abajo) es

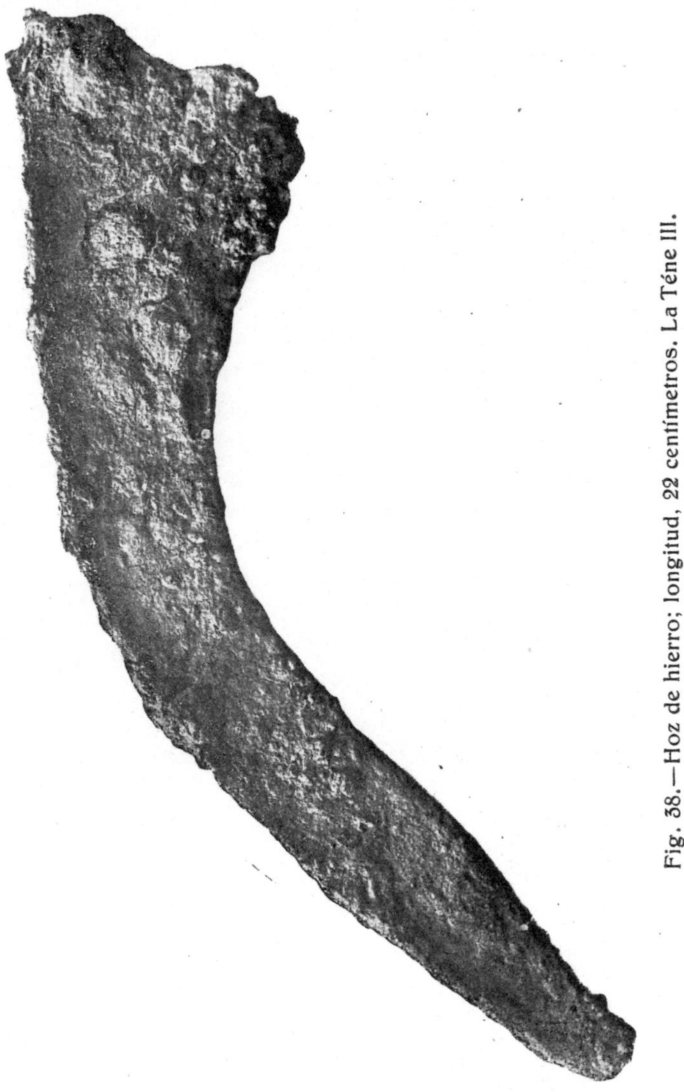

Fig. 38.—Hoz de hierro; longitud, 22 centímetros. La Téne III.

pedunculada y tiene semejanza con otras encontradas en Manching
(Alto-Baviera) (1).

(1) Déchelette, obra citada, tercera parte, pág. 1278, fig. 553.—París, 1914.

En la época de la Téne III, la fabricación de objetos de hierro adquiere gran perfeccionamiento. La figura 38 representa una hoz rebordeada por el lomo, como las actuales guadañas. Y por último, en la figura 39 reproducimos dos martillos, dos barrenas, una tajadera, escorias y restos de un cazo con señales de haber contenido hierro en estado de fusión.

Los hallazgos de abundantes escorias, lingotillos de bronce y de hierro y algunas herramientas de herrero, demuestran que los habitantes del Castro fundían y elaboraban allí metales. A 900 metros de distancia, en la ladera del Fito, según hemos dicho ya, hay ricas capas de hierro; y a cinco horas de jornada, está la mina de cobre del *Milagro,* en la cual se encontraron vestigios de haber sido explotada en los tiempos prehistóricos.

También encontramos en las capas inferiores de la terraza fragmentos de una vasija formada por tres láminas de cobre superpuestas, de un milímetro de espesor.

De los objetos encontrados hemos analizado una chapita de cinturón y una barra de metal, obteniendo de la primera el siguiente resultado:

Hierro	0,07
Zinc	12,00
Arsénico	0,01
Cobre	87,92
	100,00

Y para la barra:

Antimonio	0,250
Hierro	0,041
Estaño	2,100
Arsénico	0,015
Zinc	14,200
Cobre	83,394
	100,000

Según el análisis, el metal resulta ser un material apropósito para hacer objetos de adorno, y con él están fabricadas algunas de nuestras fíbulas (1).

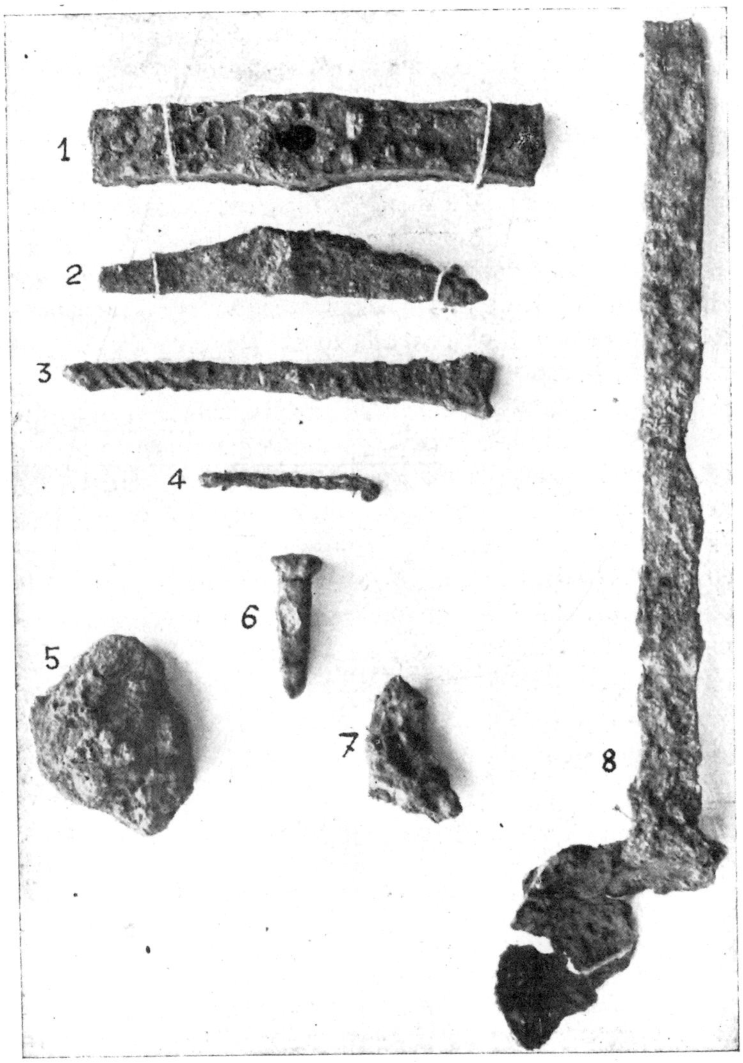

Fig. 39.—1-2, martillos; 3-4, barrenas; 5-7, escorias de hierro; 6, tajadera; 8, restos de un cazo. Longitud del martillo núm. 1, 19 centímetros; ídem núm. 2, 16 centímetros; ídem de la barrena núm. 3, 18 centímetros; ídem del cazo, 35 centímetros. Época de la Téne III.

(1) Similar a esta aleación existe otra en la tabla de aleaciones de

Algunos bronces empleados para hacer hachas y otras herramientas en la edad de bronce tienen de 85 a 90 por 100 de cobre, y de 7 a 12 de estaño, y pequeñas cantidades de zinc, níkel, cobalto, hierro y plata (1).

Analizamos una arma igual a la que está señalada con el número 3 (Fig. 33); dicha arma, indudablemente era de hierro dulce, como lo demuestra el que la oxidación haya penetrado en el corazón de la pieza y que el análisis haya dado noventa y nueve y medio por ciento de óxido de hierro, sin aparecer sensiblemente el azufre ni el fósforo.

Queda demostrado que en Asturias está representada la cultura hallstattiana y la de la Téne. Ésta última se formó en el centro del territorio céltico y los celtas la extendieron en los países que conquistaron. ¿Serían ellos quienes la trajeron a esta región?

Téngase en cuenta que nosotros encontramos objetos correspondientes a la Téne I, período que comprende desde la entrada de los celtas en España por los Pirineos, hasta la conquista de los cartagineses.

Pero mientras la Arqueología, que es la auxiliar de la Historia, no venga en ayuda de los investigadores con datos más precisos, según nuestra humilde opinión, no se pueden hacer afirmaciones concluyentes relativas a los celtas en Asturias (2).

Todavía no hemos terminado las excavaciones en el Pico del Castro; si al continuar las labores encontramos en los aledaños de la fortificación alguna sepultura correspondiente a la primera o a

---

A. Lelong et E. Mairy. *Traité practique du Fonderíe.*—París, 1912. En dicha tabla, el metal está clasificado para la fabricación de objetos de adorno.

(1) *L'age du bronze,* par John Evans. D. C. L. Traduit de l'anglais par E. Barbier, pág. 460.—París, 1882.

(2) El profesor de Historia de la Universidad de Gotinga, D. Adolfo Schulten, dice que los celtas empujaron a los ligures, que quedaron reducidos a la costa S. O. y a las montañas del Norte. Estudiando la situación de las ciudades de nombre céltico,—cita el mapa de Kieper,—fija el límite del territorio ocupado por los celtas y afirma que las montañas astúricas y cantábricas, donde no aparecen ciudades celtas, quedaron probablemente ocupadas por los ligures..... *Die Keltiberer und ihre Kriege mit Rom,* pág. 110.

El Sr. Schulten, al escribir su obra, no creyó que muy poco tiempo después se encontraría en una montaña astúrica la representación de la Téne; y esto complica la teoría del sabio alemán.

la segunda edad de hierro, entonces quizá se puedan sacar conclusiones satisfactorias.

Hemos solicitado de la Junta Superior de Excavaciones y Antigüedades autorización para estudiar por nuestra cuenta los cinco castros del concejo de Colunga, y los resultados que obtengamos en todas las excavaciones los publicaremos juntos con este trabajo en un libro intitulado *Los Castros de Caravia y de Colunga.*

El Pico del Castro está bajo la salvaguardia de todos los caravienses, los cuales impedirán que nadie trate de remover o destruir aquel monumento arqueológico, miles de años conservado para demostrarnos en el siglo xx el grado de civilización de Asturias en los tiempos prehistóricos.

La agricultura en Asturias

«—Mi objeto—escribe Jovellanos—es hacer ver que por el dialecto de Asturias se puede demostrar que los romanos introdujeron en nuestro país la agricultura, y como está arte preciosísima marque el primero y mas señalado progreso de los pueblos en su civilización, concluir de aquí que Asturias debe la suya a aquella nación guerrera y sábia».

»No se diga que esta investigación parece inutil, pues Strabon, Floro, Plinio y otros suponen a nuestros trasmontanos en estado de barbarie cuando el dominio romano se extendió hasta ellos.» (1).

Strabon nació por el año 50 ó 60 antes de J. C. y no estuvo en España; dicen que «para hablar de la Iberia procuró enterarse de lo que de ella se había dicho y escrito». Y Plinio, que publicó su *Historia Natural* el año 78 después de J. C., para describir nuestra Península «se sirvió de lo que habían escrito acerca de ella los geógrafos latinos y griegos» (2).

La opinión más generalizada respecto a Lucio Anneo Floro, es que vivió en tiempos de Adriano y que escribiría de la guerra

____

(1) Obras de Jovellanos. Tomo I. *Apuntamiento sobre el dialecto de Asturias,* pág. 343.—Madrid, 1858.

(2) José Alemany y Bolufer. *La Geografía de la Península Ibérica en los textos de los escritores griegos y latinos,* pág. 100.—Madrid, 1912

cantábrica hacia el año 138. En su *Epítome Rerum Romanarum,* Lib. IV, Cap. XII, dice:

«—En este mismo tiempo formaron los astures un gran ejército y bajaron de los montes: y no lo hicieron con la temeridad propia de los bárbaros: acamparon cerca del río Astura, se dividieron en tres cuerpos, y se dispusieron a atacar a los romanos.»

Algunos escritores regionales, además de dar por cierto el calificativo de bárbaros aplicado a los astures por Strabon, el cual escribió de oídas y desde lejos, por lo cual no ha entendido bien, aceptaron la tesis jovellanista referente a que Asturias recibió las primeras nociones de agricultura de «aquella nación sábia y guerrera»: de Roma.

Dice el ilustre Jovellanos que «—Dos solos argumentos, bien probados, bastarían para llegar a este intento. Porque si se hiciere ver: primero, que los nombres de establecimientos rústicos; segundo, y los que se refieren al prédio rústico en nuestro dialecto se derivan por lo común de raíz latina, estará probado que fueron introducidos por los romanos, puesto que es bien sabido que las palabras entran en todas partes con las cosas ó las ideas que representan.»

En este caso está nuestro *horru,* porque son latinos los nombres de las piezas principales que le integran.

—Hórreo=Hórreum.

—Pegollo=Pegulus.

—Trabes=Trabes.

—Liniu=Lignum.

No deja de advertir el sabio Maestro que «El *horru,* atendida su nomenclatura, parece de origen romano.....» Así debía ser, según su teoría; pero en la misma página escribe:

«—Mi opinión es que los horrios son de un origen remotísimo; que los romanos, sábios cual ningún otro pueblo de aquella época en la ciencia rústica, conociendo la necesidad y las ventajas de esta especie de graneros para los países húmedos y templados, le prefirieron para Asturias, donde primero le hallaron, y le dieron la perfección que hoy tiene.»

Si en esta región no se conoció la agricultura hasta que la trajeron los romanos, ¿para qué querían los asturianos «esta especie de graneros»? (1).

---

(1) Los graneros (Stabbur) de Noruega son de madera y están monta-

Después de nuestras excavaciones en el Pico del Castro podemos demostrar que Asturias conoció el arte de cultivar la tierra antes de llegar aquí los soldados de Augusto; y para ello no hemos de tener en cuenta nada de lo que acerca de esto ha escrito Strabon, el cual dice que las mujeres labraban nuestros campos.

Podrá admitirse que los romanos introdujeron aquí *nuevos* aperos de labranza, pero no la agricultura (1).

Cuando comprobamos en Caravia que Asturias estaba dentro del área de la civilización de los demás pueblos y que conocía la

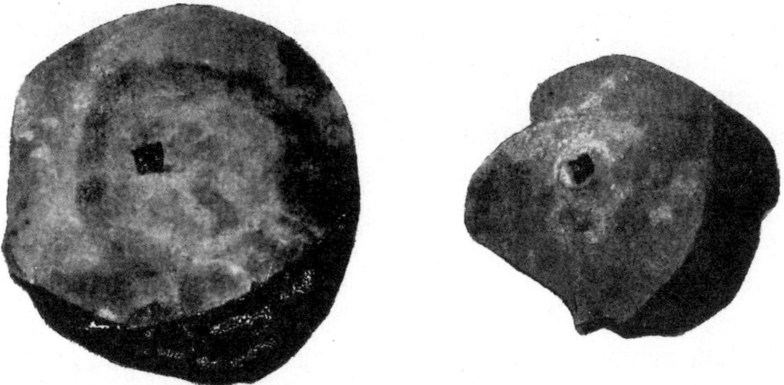

Fig. 40.—Molinos de mano ibéricos, de piedra. Diámetro, 30 y 40 centímetros.

aleación de los metales lo mismo que se conoce hoy; que al comienzo de la Téne III ya estaba en pleno dominio del hierro, como lo demuestran, entre otros objetos, las herramientas de trabajo (Fig. 39); cuando fueron apareciendo instrumentos agrícolas casi tan perfeccionados como los que hoy existen, y cuando encontramos varios molinos de mano ibéricos (Fig. 40), concluímos por ver

dos sobre pegollos lo mismo que los hórreos asturianos; algunos de aquéllos se diferencian de los nuestros en que tienen dos pisos. Véase el diccionario Espasa, tomo 38, pág. 1175.

(1) Plinio, cuenta que los galos de la *Rhétie* se servían de un arado montado sobre dos ruedecitas. (Véase Déchelette, obra citada, tercera parte, pág. 1378.—París, 1914.)

En el Occidente de Asturias y en Galicia, desde tiempos remotos, se usa un arado llamado *Vasadoiro*. No puede menos de llamar la atención, el que los romanos, cuando llegaron a las Galias encontraron allí el arado con ruedas. ¿Habrían encontrado también el *Vasadoiro* en nuestra zona Occidental y en Galicia?

en estos elementos de prueba, el florecimiento de la agricultura en Asturias antes de la influencia de Roma.

Los molinos tienen hecho el picado a propósito para moler granos (y no para triturar bellotas) lo mismo que los molinos actuales. No hay que confundir los molinos romanos con los ibéricos; en aquéllos se pone la muela en movimiento por medio de una palanca introducida en un agujero practicado en el canto de la misma, y en los ibéricos, el agujero está cerca del borde, en la parte superior de la muela.

Los que nosotros encontramos son semejantes a los molinos ibéricos encontrados en las excavaciones de Numancia (1).

Hay otra clase de molinos de mano, de los cuales se encontraron algunos ejemplares en la estación de la Téne, que casi se confunden con los romanos, diferenciándolos nada más que una pequeña particularidad en el sistema de fijar la palanca del *Catillus*.

Bien está que los escritores regionales, al tratar del origen de la agricultura en Asturias, se hayan copiado unos a otros sin hacer caso de la viva imaginación de los poetas que elevan todos los símbolos, ni de la voz de la mitología, diciendo que Ceres envió a Triptolemo a recorrer el mundo para iniciar a los hombres en los secretos de la agricultura; pero no es justo que vayan al campo donde la Historia calla, para traernos de allí una colección de cuentos fabulosos.

Con el poderoso auxilio de la Arqueología, y no con simples conjeturas faltas de toda prueba que en los estudios históricos no tienen valor ninguno, se demuestra que Asturias recibió la cultura hallstattiana y la de la Téne y que conocía la agricultura antes de llegar aquí los romanos.

La ornamentación en la madera

Entre los utensilios de uso doméstico, hará treinta y cinco años, en Caravia, y demás concejos limítrofes, figuraban las escudillas,

---

(1) *Excavaciones de Numancia.* Memoria presentada al Ministro de Instrucción Pública y de Bellas Artes por la Comisión Ejecutiva y publicada de Real orden.— Madrid, MCMXII. Lám., LXII. Uno de nuestros molinos tiene igual diámetro que algunos de los reproducidos en esta lámina.

platos, fuentes, cucharas y *zapicas* de madera. Los pastores del puerto Sueve y los de algunos otros puertos asturianos, después de practicar multitud de agujeritos en una corteza de árbol, de diez o doce centímetros de ancho, hacían con ella un aro que colocaban sobre un trozo de tablita o de la misma corteza; dentro de la vasija así construída, echaban la leche espesa para formar la cuajada que convertían después en queso. Cuando querían transportar una vasija desde los cabañales al poblado, sujetaban el fondo de ella y el aro con unas varitas de avellano entrelazadas de manera que hacían las veces de asa, formando así un canastillo que nos recuerda el pasaje de la *Odisea* citado en la página 28 de este libro.

..... la leche
cuajó, y acomodóla en canastillos.....

Son muchos y variados los objetos de madera que se usan en Asturias; no citaremos aquí más que los que se distinguen por su curiosa ornamentación, como las madreñas, yugos, *cachapos, tayueles,* arcas, palos, castañuelas, panderos, maconas. escaños, mesas, puertas de los hórreos, *zapicas,* ruecas, etc.

Compárese el dibujo de la madreña (Fig. 41) con los dibujos de la cerámica (Fig. 29), y se verá que son idénticos; lo mismo ocurre con los triángulos de la *zapica* (Fig. 42) y con algunos de la figura 30.

Si continuáramos haciendo comparaciones con la ornamentación de los objetos de madera citados y los de la cerámica de nuestra colección, se vería que existe identidad entre unos y otros ornatos.

La figura 43 representa una rueca caraviense de la primera mi-

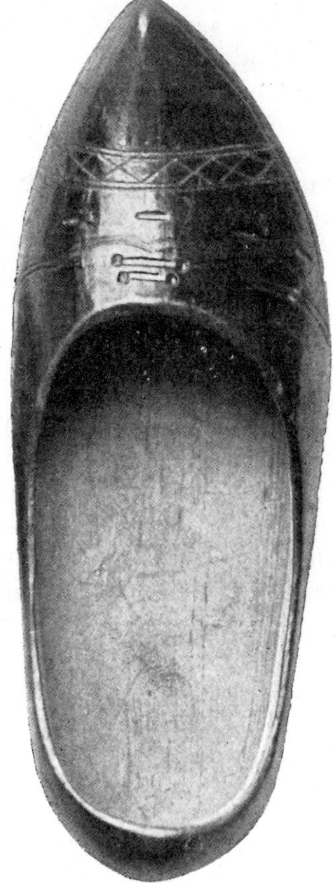

Fig. 41.—Madreña.

tad del siglo xix; forman parte de su ornamentación algunas incrustaciones de hoja de lata, entre las cuales hay cruces y guirnaldas, y termina con una corona del mismo metal; en la parte inferior remata el adorno un corazón; era costumbre en Asturias el que los mozos regalaran ruecas a sus novias.

Fig. 42.—*Zapica* empleada por las vendedoras de avellanas en las romerias de los pueblos del Oriente de Asturias para medir cinco céntimos de aquel fruto.

¡Cruces, guirnaldas, una corona y un corazón! ¡Cuánta poesía llena de simbolismo encierra esta rueca.....!

Entre las incrustaciones, grabadas sobre la madera, hay varios triángulos de campo rayado y otros ornatos iguales a los de las figuras 29 y 30.

Eran los pastores quienes cortaban en la espesura del boscaje las varas de avellano para convertirlas en ruecas, las de acebo para hacer palos *pintos,* y trocitos de madera seca para tallar sonoras castañuelas.

Y sentados cerca de los chortales bullidores que circundan la majada, o bajo la enramada del frondoso robledal, mientras escuchaban el armonioso canto de los pájaros, con una tosca navaja iban poco a poco grabando en la madera motivos de ornamentación geométrica, sin presumir que su arte era una supervivencia de otro iniciado en tiempos muy lejanos.....

En la actualidad, los campesinos continúan ornamentando los objetos de madera que están en uso; sobre todo, las madreñas; y aunque emplean algunas veces dibujos modernos, rara vez faltan entre ellos elementos semejantes a los de la ornamentación de la cerámica de que venimos hablando, conservados a través de los siglos en toda su pureza.

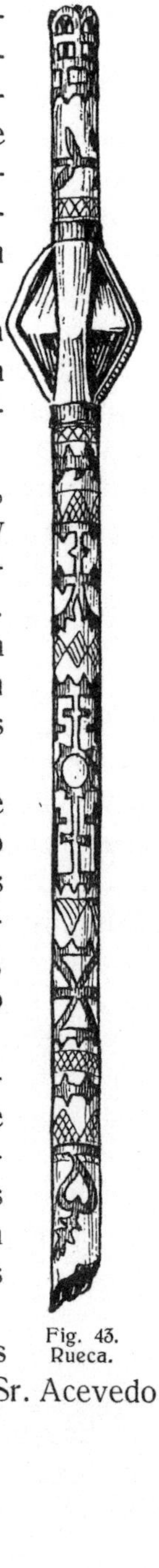

Ha llamado la atención de muchos escritores, los ornatos de la madera, en Asturias; entre ellos figura el Sr. Acevedo y Huelves, quien dice:

Fig. 43.
Rueca.

«—Sería curioso el estudio de tantos garabatos como la *inspiración* de los artistas ha producido» (1).

Del estudio comparativo que acabamos de hacer, resulta esta conclusión:

La ornamentación de la madera es una supervivencia del arte hallstattiano.

---

(1)   B. Acevedo y Huelves. *Los Vaqueiros de Alzada en Asturias*. Segunda edición, pág. 185.—Oviedo, 1915. El Sr. Acevedo, reproduce en la página 180 unas castañuelas del Occidente de Asturias, con ornamentación incisa igual a la de algunos fragmentos de nuestra cerámica.

HISTORIA

LÍMITES DE LA CANTABRIA

Es dificilísimo conciliar la opinión de los muchos autores que trataron de fijar la línea divisoria entre cántabros y astures El señor Fernández Guerra fué uno de los que estudiaron detenidamente estos límites, sin que esto quiera decir que haya acertado, puesto que él mismo no está muy seguro de lo que dice, cuando en la página 42, comentando el texto de Pomponio Mela, que reproduce en latín, pone esta nota:

«—El río Salia debiera ser Saelia.» (1).

Nosotros no tenemos inconveniente en adherirnos a las teorías más corrientes de los límites de la Cantabria mientras no se haga luz en asunto tan obscuro, pero creemos prudente anotar las anteriores reflexiones.

Según la reducción que hace el Sr. Fernández Guerra, los *cántabros selenos* tenían por capital Octaviolca, ciudad que estaba situada alrededor de Ribadesella o de Ucio, «no lejos del mar.....»

«—Estrechábalos por el N. el Occéano: desde la ría de Villaviciosa, hasta *Puertas,* en la banda derecha del río Purón, a 8 kilómetros al E. de Llanes.

»Lindaban, al O., con los *Astures Transmontanos:* desde la ría de Villaviciosa hasta *Fano de Libardón.*

»Al S., con los Cántabros Cóncanos: desde *Fano,* por *Cofiño Fíos* de Biabaño, *Castiello, Arobes, Arriondas,* el río Sella, Coviella, *Triongo, Tresanio, Táraño, Pedroso,* Avín hasta *Torre.....*

»Al E , con los *Cántabros Orgenomescos:* desde *Torre* hasta *Puertas* y la desembocadura del río Purón en el mar.» (2).

---

(1) *Cantabria,* por D. Aureliano Fernández Guerra, pág. 42.—Madrid, 1878.

(2) Id. íd., íd., pág. 38.—Nota 9.

Según los datos anteriores, Caravia está dentro del antiguo territorio de los cántabros *selenos* o próxima a él (1).

Los cántabros *selenos* dicen que eran adoradores de Selene o la Luna, como lo eran otros pueblos de nuestra Península.

La guerra cantábrica

Caravia tiene en su Castro el primer archivo protohistórico regional, cosa que le da derecho para ocupar un puesto preferente en la Historia patria.

Su situación topográfica y su antigua fortaleza, son datos que nos inducen a creer que en sus fértiles valles y en sus empinados montes se desarrollaron sucesos importantes durante la guerra cántabro-astur-romana.

Esta guerra, que terminó Augusto el año 19 antes de Jesucristo, es el testimonio mayor para acreditar el patriotismo de cántabros y astures; unos y otros despreciaban la vida por defender sus hogares contra el soldado romano; los cántabros, sitiados en el monte *Medulio,* antes de rendirse,—dice Floro,—«que en medio de un banquete se matan por el fuego, el hierro, se envenenan.....» Y cuenta Strabon que morían en la cruz entonando un *pean* o himno de victoria.....

No entraremos en disquisiciones históricas sobre esta guerra, porque forma parte de la Historia general, y aquí no hemos de tratar otros hechos que aquellos que están íntimamente ligados con el concejo de Caravia.

Nuestro distinguido paisano D. Braulio Vigón, a quien rendimos el más respetuoso homenaje desde este lugar, por haber unido su nombre a los de otros beneméritos asturianos, trabajando con fe inquebrantable por la cultura de Colunga y por la historia regional, al hablar de la dominación romana en esta parte de Cantabria, dice que «—las huellas de la ocupación militar realizada por los soldados de C. Furnio, a quien, según Dion, encomendó Augusto la

---

(1) El Sr. Somoza, en su obra *Gijón en la Historia General de Asturias,* dice que «adoptando prudentemente una opinión intermedia», adopta como línea divisoria la desembocadura del río Sella.

guarnición de Cantabria, no han sido aún borradas a pesar de los siglos transcurridos»—, y describe, entre otras muchas que existen en el territorio colunguense,—las termas descubiertas en la Isla..... (1).

Y desde el mar a Caravia la Alta, los romanos construyeron el camino que llamamos la «calzada».

Caravia en el siglo X

La primera noticia que hemos encontrado referente a este concejo, figura en una escritura del año 921, y que corresponde al folio 27 del Libro Gótico, o de los Testamentos; de dicho documento no traducimos más que la parte que se refiere al territorio de Colunga, dentro del cual estaba Caravia:

Escritura (o donación) de Ordoño, Rey, hijo de Alfonso y Ximena, a la iglesia ovetense—en VI de los ídus de Agosto—Era DCCCCLVIIII (o sea el día 8 de Agosto del año de 921).

.....«—en territorio de Colunga la iglesia de San Vicente con sus términos todo, el Monasterio de Santiago Apóstol de Gaudentes (Gobiendes) con sus términos todo enteramente: por una parte allá de Loronio (Loroñe), Santa Eulalia, y Cocello y Fornezo, y Campulio y el Castellum (Castillo) Obalia, y debajo de estos términos las tres villas Gaudentes y las dos Cavetas (Caveda) y el Molino íntegro, y fuera de estos términos con sus Granjas una que se llama Luces y otra llamada Loruso, y sus brañas predichas, una llamada Bobu (Babú), otra Bobas, ambas con lo que entre ellas media. El Monasterio de Santa María de Tona que se llama Isla, con sus términos, el riachuelo de Lamas, y Corbera, y la orilla del mar, y la ería de aquella meseta, debajo de estos términos todo enteramente, fuera de aquellos términos sus predichas villas con sus ya citadas Granjas. En Orres mi porción; en Loronio mi porción; en la villa llamada Duasos (Duesos) mi porción; en la villa que se llama Valle mi porción; en la villa llamada Dulios (Duyos) mi porción; y junto a Carabiam (Caravia) la serna íntegra llamada Prato (Prado); y en

______

(1) *Antigüedades romanas de Colunga,* por D. Braulio Vigón.—Villaviciosa, 1894.

Quovano mi porción enteramente; y en Ripa de Selia (Ribadesella), la villa llamada Uzio, enteramente con sus adyacentes.....» (Siguen las fórmulas instrumentales corrientes.)

En este documento figuran los nombres de los Duesos, Valle y Duyos, lugares que forman lo que hoy se llama Caravia la Baja; entonces no existía el barrio de Carrales. Pero lo más curioso es que Caravia aparece junto á una serna ó tierra de sembradura llamada Prado.

Monasterio de San Jacobo. Su fundador (1)

Lo fué Munio Munion Can, natural de Caravia y Señor de Campo de Salinas, título que le dió el rey D. Fernando I, el Magno, a quien Munio acompañó como capitán, realizando celebradísimas proezas en las guerras de Valencia y de Andalucía. Munio trajo de Sevilla a León el cuerpo de San Isidoro, que, en la mencionada capital andaluza, le había entregado el rey árabe Abenamar, en 1063.

Estuvo casado con Munia Dona hermana del conde Piniolo, y éste casó con una hermana de Munio llamada Doña Aldonza Munion; vivió en el Condado de Duyos, Caravia la Baja.

Y Munio constituyó en Asturias el apellido de Llano (2).

------

(1) Debemos hacer constar aquí, para expresarle nuestro agradecimiento, que el M. I. Sr. D. Arturo de Sandoval y Abellán, canónigo de la S. I. C. B. de Oviedo, ha tenido la bondad de facilitarnos algunos datos referentes a este monasterio, poniendo a nuestra disposición el archivo catedrálico y todo cuanto de él necesitáramos para llevar a cabo nuestras investigaciones.

(2) *Becerro del convento de San Juan de Corias,* fol. 73 y 137.

Sandoval: *Fundación de Sahagún,* par. 37.

Francisco de Hita: *Noviliario MS.,* tomo V, pág. 106.

Asturias ilustrada, por D. José Trelles Villademoros, tomo II, pág. 606.— Madrid, 1739.

Diccionario geográfico de Asturias. MS., tomo I. $\frac{12\text{-}19\text{-}7}{105}$. Real Academia de la Historia.

El monasterio de San Jacobo o de Santiago de Caravia, perteneció a la Orden de Benedictinos y estaba situado en un fértil vallecito a 250 metros de la desembocadura del *río* de los Romeros, en el mar. En someras excavaciones que hemos practicado, pudimos comprobar la existencia de algunos cimientos. Fué declarado ruinoso hacia fines del siglo xvi.

Al mismo tiempo que iglesia de Caravia, era alberguería de peregrinos que iban a Santiago de Galicia; por eso aquella parte del arroyuelo se llama *río* de los Romeros (1).

Fig. 44.—Desembocadura del *río* de los Romeros y antiguo camino real.

Munio Munion Can, al fundar el monasterio lo dotó expléndidamente; y debió ser un monasterio de bastante importancia según lo acreditan las donaciones que publicamos á continuación.

____

(1)   Venía entre los peregrinos mucha gente maleante, según hemos dicho en la página 15, nota. Y se metían en una cueva que había a la orilla del mar y desvalijaban a cuantos pasaban por aquel camino real (Fig. 44); tanto que los vecinos de Caravia han tenido que defender más de una vez el paso de los viandantes. Cuentan que un caraviense, de un golpe de hoz, cortó una oreja a un bandido en reñidísima pelea.

Donación

En Enero de 1176, el rey D. Fernando II dió al Obispo de Oviedo D. Rodrigo y a su iglesia el monasterio de Caravia con todos sus derechos y pertenencias; el documento, traducido del latín dice así:

En nombre de Nuestro Señor Jesucristo.—Amen. Es propio de los Reyes Católicos el otorgar espléndidos beneficios y, en razón á los méritos, enriquecer más, con dones, á los lugares santos y á las personas religiosas.

Por eso, yo el rey D. Fernando, en unión de mi hijo rey D. Alfonso, siguiendo las huellas de nuestros predecesores, que siempre procuraron exaltar, ya con donaciones, ya con dignidades, á la iglesia ovetense del Salvador, he dispuesto ofrecer esto, por lo cual reconozcan en la tierra al patrono, cuyo patrocinio deseo ganar en el cielo.—Confirmando, pues, todo aquello que, ya por mí, ya por mis predecesores haya sido dado á la misma iglesia, dono y concedo á la predicha iglesia ovetense, y á vos, D. Rodrigo, muy amado obispo de la misma iglesia, y á todos vuestros sucesores y á todos los canónigos, que tanto ahora como en lo futuro pertenezcan á la misma iglesia, perpetuamente, el monasterio de Caravia, que radica en mi reino, en Asturias, en el valle de Colunga, y está colindante con la playa del mar, y, consiguientemente, todo aquel monasterio con todos sus derechos y accesorios, con todos sus prados, pastos, ríos, montes, fuentes, salidas y entradas por todos sus términos, nuevos y antiguos, donde quiera que podais encontrarlos, para que los tengais, poseais, vendais y hagais de todo ello vuestra voluntad, como de otras tierras y heredades de vuestra iglesia. Y os hago esta donación de la predicha iglesia de San Jacobo de Caravia por juro de heredad y con carácter regio, con el consejo de los Grandes de nuestra curia, para remedio de mi alma y las de mis padres y por el buen servicio que D. Rodrigo de Oviedo liberalmente me hizo. Y confirmo lo hecho.—Si, pues, alguno, sea de mi linaje, ó extraño, osare oponerse á este hecho espontáneo mío, incurra en la ira de Dios Omnipotente y en mi regia indignación, y con Dathon y Abirón, á los que la tierra tragó vivos, sean castigados en el Infierno; y si de aquel término alguno tomase algo, páguelo

Fig. 45.—Vista parcial de Duyos. En el fondo, los picos de Cordovana (Sueve).

cuadruplicado y, además, pague la pena de 3.000 maravedises por su temerario atrevimiento.

Y para que en ocasión alguna pueda impedirse el cumplimiento de este escrito, y permanezca siempre firme é inconcuso, lo confirmamos con nuestra firma y las de los nobles que lo suscriben.

Hecha esta carta en Ledesma en las Kalendas de Enero, Era 1214, reinando el Rey D. Fernando en León, Galicia, Asturias y Extremadura.—Yo Fernando, por la gracia de Dios, Rey de las Españas, con mi hijo D. Alfonso, este escrito, que mando hacer, con mi propia firma confirmo.

El Obispo de la Santa Iglesia compostelana. . conf.
Juan, Obispo de León. . . . . . conf.
Juan, Obispo de Lugo. . . . . . conf.
Rabinato, Obispo de Mondoñedo . . . . conf.
Beltrán, Obispo de Tuy . . . . . conf.
Vital, Obispo de Salamanca . . . . conf.
Alfonso, Obispo de Orense. . . . . conf.
Arnaldo, Obispo de Astorga . . . . conf.
Guillermo, Obispo de Zamora. . . . . conf.
Pedro, Obispo civitatense. . . . . conf.
Rodrigo, Obispo de Oviedo . . . . conf.
Belasco, conde en Limia . . . . . conf.
Gómez, conde en Trastamara. . . . conf.
Gonzalo Osorio, Mayordomo del Rey . . . conf.
Fernando Ponte, Señor en Zamora. . . . conf.
Fernando Gutiérrez, Alférez del Rey . . . conf.
Fernando Velle, en Tineo . . . . . conf.
Alvaro de Diego, en Asturias . . . . conf.
Pelayo Quixal. . . . . conf.
Pelayo Tabladiello. . . . . . . conf.
García de Sancho de Colunga. . . . conf.
Fernando Rodrigo de Benavente . . . . conf.

Yo Pedro Juan Notario del Rey.—Pelayo de Lauro, Arcediano Cancelario.—Confirmo (1).

----

(1) Archivo de la S. I. Catedral.—«Regla colorada». Códice formado por el Obispo D. Gutierre de Toledo, en 1385, fol. 115

El Obispo D. Rodrigo y su cabildo proporcionaron al Rey muy eficaz ayuda en las guerras sostenidas contra el poder agareno. Entre otras cosas se hace mención de 500 monedas de oro, que se dieron para la batalla que se

En esta donación no figura más que el monasterio y sus pertenencias, quedando bajo la tutela del monarca las personas de ambos sexos.

Y esto se deduce de que treinta y nueve años después, en 1215, el Obispo D. Juan, para hacerse dueño de Caravia dió al rey D. Alfonso algunas heredades situadas fuera de la jurisdicción caraviense, a cambio de los hombres y mujeres que había en aquel territorio.

Otra donación

Privilegio del rey Alfonso IX, de León, en favor de la iglesia de Oviedo *(versión del texto latino):*

En el nombre de Dios, amen.—Yo, Juan, Obispo de Oviedo, con consentimiento del Cabildo ovetense, hago á vos, nuestro señor Alfonso, rey de León y de Galicia, carta de donación de nuestras heredades que tenemos en el alfoz de Leduas, perteneciente al monasterio de Caravia, lo que por donación de vuestro padre el rey Fernando es heredad de la iglesia de San Salvador: Os damos, pues, por juro de heredad y perpetuamente la villa de Covas y San Jacobo de Frias con todos sus pertenecidos, que pertenece á Caravia, y cuanto tiene el monasterio de Caravia en Felguerias, y en Nocedo, y en Sarcedo (hoy Sardedo) y en Ucio, para que tengais estas supradichas heredades, vendais. conmuteis, enajeneis, deis y hagais desde ahora toda vuestra voluntad. Y yo, el predicho rey D. Alfonso, á cambio de estas heredades que me otorgais, os doy los hombres y las mujeres que tengo en el valle de Caravia, entre Loronio y rio Sarracin, para que desde hoy en adelante queden libres de mi jurisdicción y pasen á la vuestra, é incorporo á vos aquel valle, para vos y vuestros sucesores perpetuamente, por sus términos antiguos, por la Sparsa (Espasa) de Loronio y por Santa Eulalia y por Piedra blanca y por la Forcada y por el pico de Bobu y por Levanco y por la piedra de Puades y por la piedra de Lamas y por como el agua vierte, y por el rio de Concas y por el rio Sa-

---

dió en Cáceres. El Obispo, además, acompañó al rey en su expedición hasta Valencia.

rracin, y por los fondos de Portiello; y de otra parte, por la playa del mar Océano á Loronio hasta rio Sarracin, y todo lo que se contiene bajo estos términos libro y eximo de toda regia voz y servicio fiscal, de tal modo que desde hoy en adelante ningun hombre se atreva allí á pignorar, ni se permita sacar algo de allí, ni á Merino, ni á Sayón, ni á otro hombre, y toda mi voz concedo á Vos, Juan, Obispo de Oviedo, y á la iglesia, por juro de heredad, y perpetuamente, y yo el predicho rey D. Alfonso doy y concedo á los pobladores de Portiella las precitadas heredades que me habeis concedido por carta. Sí, pues, alguna persona, seglar ó religiosa, intentara venir contra esta provisión, sea maldito y excomulgado, y con Judas, traidor á Dios, pague la pena en eterna condenación, y por el daño temporal pague mil maravedises á quien este privilegio ostente, y cuanto hubiera tomado, restitúyalo doblado ó triplicado en el mismo lugar, y esta carta quede firme.—Hecha esta carta en León, en la era 1253, reinando el mismo rey Alfonso en León, Galicia y Extremadura.—Sancho Ferrandi hermano del Rey Gobernador en León.—Sebastian Gutierrez, Gobernador en Ledinas y Colunga.—Pedro Pelaez, Gobernador en Villaviciosa y Gijón.— Suero Gallego.—Merino de todas las Asturias.

Pedro . . . . testigo.—Juan, Obispo de Oviedo, estuvo presente.

Juan . . . . testigo.—Fernando, Obispo de Orense, fué presente.

Fernando . . . . . testigo.—Rodrigo, Obispo de León, estuvo presente.

Rodrigo . . . . . . testigo.—Pedro, Obispo de Astorga, estuvo presente.

Pelayo . . . . testigo.

Martín . . . . testigo (1).

Caravia jurisdicción de abadengo

«Eran pueblos de abadengo los cedidos por el monarca a la iglesia, monasterios y obispos» (2), como ocurrió con Caravia.

---

(1)   Archivo de la S. I. Catedral. Regla colorada, fol. 116.
(2)   *Autonomía municipal,* por D. José Antonio Urbina.—Madrid, 1907.

Los pueblos de abadengo, aunque no tenían tantos privilegios como los de realengo, al amparo de la iglesia gozaban de mayor tranquilidad que los pueblos de señorío, porque la justicia señorial dependía de las condiciones morales del señor; había *casos* (1).

Los pueblos de señorío eran verdaderas guaridas de malhechores; en ellos encontraban asilo seguro y protección por parte del señor con fines egoístas.

Enterado Felipe II de las muchas personas maleantes que ocultaban los señores en sus términos, el 21 de Julio de 1577 hizo librar Real provisión a su Corregidor-Gobernador, autorizándole para que pudiera entrar a perseguir a los delincuentes en las villas y cotos de Asturias, aunque no fueran de su jurisdicción.

Caravia parece que ha tenido la fortuna de no padecer la tiranía de un señor; bien es verdad que, dado el carácter independiente de los caravienses, quizá no se hubieran sometido al capricho señorial y menos si les tocaba por Señor un Omaña (2).

------

(1) « En un pleito que se litigó entre el fiscal de S. M. de la audiencia de Oviedo y D. Gaspar de Caso, sobre la jurisdicción del coto de Tiraña, en Laviana—dice Sangrador, haciendo referencia a un M. S. de Jovellanos que se halla en el instituto de Gijón,—expusieron los vasallos, que aunque se les permitía por el Sr. elegir Juez, aquél no aprobaba el nombramiento mientras el electo no le pagaba mil maravedís en dinero, veinticuatro gallinas y un pellejo de vino. Se quejaron además, de que cobraba diez y ocho reales por la pena de sangre, el marco por razón de preñadas, viudas y solteras, tres cerdos por montazgo y que tenía arrendados de por sí los abastos de mesón y taberna con lo que se les irrogaba graves y transcendentales perjuicios.»

(2) «—Los vecinos de los lugares de Clavillas, Balcarcel y la Bustariega, en 24 de Agosto de 1800 reconocen ante Juan Sanchez escribano de Somiedo, que la casa de Omaña siempre les nombró Jueces y demás miembros de justicia..... que cada vecino asistente y casado dentro de los tres lugares, debe pagar y paga anualmente a la casa de Omaña..... siendo vecino del estado noble doce reales y veinticuatro maravedís por razón de una marrana y fuero de manteles, que es de yantar; y cada uno del estado general, veinte reales y veinticuatro maravedís y además una hemina de cevada..... y un aumento de ocho reales por la paga de un carnero..... asimismo debe contribuir y pagar dos vacas que se dicen mataderas o doscientos reales vellón por ellas en cada año el día de San Martino..... y la mejor alhaja, mueble o res que se halle en la casa el día que se muere un vecino..... cuatro ducados por cada moza soltera que se halle embarazada de hombre del mismo estado, y siéndolo de casado siete ducados.

Esta casa de Omaña contaba entre sus bastas posesiones el coto de San

Este concejo debió pasar a jurisdicción de abadengo el año 1215, según se desprende de la donación que hace el rey Alfonso al Obispo D. Juan.

Y según la regia carta del rey D. Juan I dirigida a los «Juicis e homes bonos», al finalizar el siglo xiv, Caravia era jurisdicción de abadengo u Obispalía, que con esta última denominación eran conocidas en Asturias las jurisdicciones de abadengo.

La carta de D. Juan I

Sucedió que cuando el rey D. Juan I subió al trono se alzó contra este monarca su hermano bastardo D. Alfonso, conde de Noreña. Hombre lleno de ambiciones y no falto de soberbia, se metió en las tierras de la iglesia de Oviedo pidiendo tributos a los pueblos y administrando justicia a su capricho.

El Obispo D. Gutierre dió cuenta de esto al rey, el cual en Julio del año 1381 escribió una carta a los principales nobles, hallándose entre ellos los de Caravia, para que se unieran al Prelado y defendieran los derechos de la mitra contra los abusos del codicioso conde.

La carta dice así:

.....«—A los concejos é juicis é homes bonos fijos dalgo, é foreros de las tierras del Obispo de Oviedo é de su Eglesia, que son Ribadeo, é San Andres, Larna, é las Regueras, Lagneo, Tudela, Ribera de Suso é de Yuso, Proaza é Quiros, é Revenga, é los Cotos de Pajares, Rioza, é Olloniego, Morsín Páramo con la Fociella, Yeras, Tamaza, el Coto de Santo Adriano, Peñaflor, Labro, é Namollo, Caravia é Vallepaderne, San Martín de Anes, Santa Olalla de Caño é todas las otras tierras del dicho Obispo de Oviedo..... sepades que nuestro hermano el Conde D. Alfonso se entromete á poner justicia, é oficiales en algunos de dichos concejos, é de pedir

Pedro de Bocademar, en Cudillero, y entre las vejaciones que allí se hacía sentir a los vecinos, una era la de no poder encender fuego en sus hogares hasta que no vieran salir humo por la chimenea de la casa señorial.»—Sangrador: *Historia de la Administración de Justicia y del antiguo Gobierno del Principado de Asturias,* pág. 85.

yantares, é echar pedidos, é otros tributos, é manferir escuderos, é pedir bestias para llevar a su servicio a algunas partes, é usar convusco en algunas cosas, así como si fuéredes de su Condado é Señoris de Noreña.....de aquí adelante no vos entrometades en facer justicia ni otros oficios por mandado del dicho Conde, nin le dedes viandas ni yantares ni otra cosa alguna a él ni a sus Merinos ni a sus oficiales, nin le dedes, ni paguedes pedido, ni otro tributo alguno, aunque vos lo pida, nin le dedes escuderos, nin bestias aunque vos los demande, ni usedes con él ninguna cosa que a Señorio pertenezca. E mandamos, é defendemos al dicho Conde, é a todos los sus Merinos, é otros oficiales, que non tomen, ni prendan algunos bienes en las dichas tierras é lugares de dicho Obispado. Dada en.....días de Julio Era 1419 años. Nos, el Rey.» (1).

Caravia concejo Realengo

No sabemos por qué, los habitantes de Caravia, tan luego estaban bajo la jurisdicción de la iglesia como eran vasallos de los monarcas; nosotros creemos ver la causa en que los caravienses no transigirían fácilmente con las arbitrariedades de aquellos tiempos; a medida que uno va leyendo documentos, va viendo el carácter independiente de este pueblo.

Es dificil precisar el año en que Caravia pudo regirse con independencia. En las ordenanzas de la Junta del Principado, vigentes en 1494, figura Caravia entre los concejos Realengos, y ésto nos permite asegurar que algunos años antes de esta fecha, Caravia se había redimido de la iglesia, pasando de jurisdicción de abadengo, u Obispalía, a concejo Realengo.

Los privilegios de Caravia

Este pequeño concejo tuvo el privilegio de nombrar por votación popular los oficios de Justicia y Regimiento, privilegio que,

____

(1) Risco: *España Sagrada*, tomo XXXIX, pág. 256.

según dicen, antes del régimen actual no le ha tenido ningún concejo de Asturias, más que Caravia y Ribadesella (1).

Y que Caravia tenía privilegios especiales se deduce de este documento:

«—En 23 de Octubre de 1796, Fran^co Collera vecino de la Parroquia y Concejo de Caravia presentó ante V. S. el Sr. Regente de esta Real Audiencia en virtud de orden que comunicó a la Justicia y Ayuntamiento de dicho Concejo: Un libro con treinta y siete ojas de pergamino que contiene la venta y Privilegio de sus Alcabalas por el Sr. Rey D. Felipe 4º año de 1633, y 1634: con la confirmacion de D. Felipe 5º año de 1708 exceptuandolos del Decreto de incorporacion a lo enagenado: Como tambien una Real Provisión de la Cámara inserto un auto por el que se concede a dicho Concejo el tanteo de los Oficios de Regimiento Alferez mayor Regimiento y escribanias: Un título de Escribano a favor de D. Marcos Covian Valdes, y otro de Alferez mayor a favor de D. Juan de *Cuterí* (2): Con otras diligencias en cumplimiento de dicho auto: de cuyos documentos queda tomada la competente nota, y se debolvieron al Portador dicho día, bien que los entregó ayer a las doze del día.—*Carlos Escosura Lopez*» (3).

Caravia tenía voto entero en la Junta general del Principado y ocupaba el asiento número 33 en dicha Junta.

El vecindario redimió en el año 1612 los oficios de «Justicia y Regimiento pagando 14.823 reales de vellon correspondiendo a cada vecino de los que entonces existian ciento y seis riales» (4).

En una relación formada en el año 1785 por D. José Fernández Torre, juez por el estado noble y por D. José Cué Morán, cura párroco de Caravia, consta «..... que este referido conzejo en el año 1633 compró a la Majestad del Sr. D. Felipe quarto las alcabalas de el en Cantidad de un Cuento ciento setenta y dos mil ocho-

---

(1)   Madoz, tomo V.—Madrid, 1846.

(2)   Creemos que debe ser Cutre, pero nosotros nos limitamos a copiar fielmente el documento.

(3)   M. S. Archivo de la casa del autor, legajo II, n.º 39.

(4)   *Diccionario geográfico de Asturias.* MS. Tomo I.-$\frac{12\text{-}19\text{-}7}{105}$. Biblioteca de la Real Academia de la Historia.

cientos y cincuenta maravedís, regulados en treinta y tres mil quinientos diez maravedís de venta precio que antes pagaba de enca bezamiento el Citado Conzejo» (1).

Este documento demuestra la inexactitud de lo que han dicho algunos escritores referente a las alcabalas de Caravia.

No se sabe a dónde iría a parar la documentación que fué presentada al Regente de la Audiencia de Oviedo; los papeles se guardaban en una arca de tres llaves que estaba en la sacristía de la iglesia, pero cuando la invasión francesa, y en la época de nuestras guerras civiles, desaparecieron muchos documentos de los Municipios asturianos.

Todos nobles

«—Bien fabeys que yo he de auer deftos mis Reynos y feñorios,—dice el rey D. Felipe II en una «prouisión Real» fechada el 3 de Mayo de 1615—en reconocimiento al feñorio Real de cada vn vecino dellos vna moneda forera pagada de fiete en fiete años que es en los Reynos de Caftilla con Eftremadura ocho marauedís de moneda vieja, o diez y feis de moneda blanca que aora corre, y en el Reyno de Leon feys marauedís de la moneda vieja, o doze defta moneda blanca que aora corre.....» (2).

El año 1616, ante U.º Melendez Darbas, «recaudador de la moneda forera debida al Rey», y en 1625, ante Matheo Verastegui, Caravia demostró con documentos fehacientes que no estaba obligada a pagar pechos al rey, porque todos los habitantes del concejo eran nobles.

Los encargados de presentar la documentación a Melendez Darbas fueron D. Juan Suero Díaz, escribano del Ayuntamiento, y D. Antonio Cutre, alférez mayor del concejo de Caravia. Y a Matheo de Verastegui, en Colunga, le exhibió los papeles Juan de Duyos, y levantaron la siguiente acta:

---

(1) M. S. Archivo de la casa del autor, legajo II, n.º 39.

(2) Las Reales provisiones, Cartas y Cédulas Reales y demás documentos impresos que citamos en este libro, existen en nuestro archivo.

«En Colunga a 12 días del mes de Mayo de 1625 años ante mí el escribano y testigos de su md de Matheo de Verastegui juez por S. M. para le hacer pago de la moneda forera que es debida en este Principado de Asturias, y Obispado de Leon del setimo y año pasado de mil seiscientos y veinte, habiendo visto las cédulas Reales y demás papeles y libertades que el dicho conzejo de Caravia tiene y vecinos del, y así mismo el padron presentado donde consta estar puestos por hidalgos en el=Digo que debía demandar y demando que no se cobre al dicho concejo y vecinos del, la moneda forera contenida en su comision atento consta por el dicho y mas papeles sentados en los susodichos hijosdalgo, y así los dio por libres del dicho setenio sin perjuicio del patrimonio Real de S. M. y así lo probeyo mando y firmo siendo testigos Ju° Lopez de Pando y Sancho de Arada Junco estantes en esta Villa.—*Matheo de Verastegui.*» (1).

Nunca consintieron los hidalgos que nadie les disminuyera sus privilegios ni les humillara pechando. Esto ha dado lugar a leyendas que «poseen altísimo valor simbólico como testimonio de un sentimiento de independencia nobiliaria».

De una de estas leyendas nació el noble romance del «Pecho de los cinco maravedís»:

> En esta ciudad de Burgos,
> en Cortes se habían juntado
> el rey que venció las Navas
> con todos los hijosdalgo.
>
> . . . .
>
> —si os pareciese, Don Diego,
> por mi fuese demandado
> que cinco maravedís
> me peche cada hidalgo.
>
> . . . .
>
> —Aquellos donde venimos
> nunca tal peche han pagado,
> nos menos los pagaremos,
> ni al rey tal será dado;
> el que quisiera pagarle
> quede aquí como villano.....

---

(1)   M. S. Archivo de la casa del autor, legajo II, n.° 4 y 48.

Elecciones

Es interesantísimo el procedimiento empleado en este concejo para hacer las elecciones. El día de San Silvestre se reunían los vecinos al toque de campana y nombraban por votación popular los oficios de Justicia y Regimiento.

Esta vez, no sabemos porqué causa, suspendieron las elecciones hasta el 13 de Febrero.

El acta dice así:

«—Delante de la iglesia de Nuestra Señora de la Consolación del lugar de Prado (1) concejo de Caravia a trece días del mes de Febrero de mil setecientos cuarenta y seis años se juntaron en su Ayuntamiento público y abierto según fueron convocados para este dicho día y en este sitio y a las dos de la tarde de el los Señores Justicia y Regimiento y otros diferentes vezinos segun y en la manera que iran nominados en este instrumento, especial y señaladamente los Señores Francisco Maior Perez y Bernardo Díaz de Duyos, Jueces ordinarios por el estado noble deste concejo, y Regidores D. Antonio de las Ribas Victorero, Fernando Díaz Cobián, Mathías Díaz, y como Procurador general D. Bernardo Díaz Valdés para el efecto de hacer las elecziones de Jueces y mas oficios·honoríficos desta República..... (aquí la lista de los electores)..... a las tres de la tarde se fueron recibiendo en cédulas distintas los que van referidos y aquellos que no se hallan en el hueco, y aviéndolas enbuelto en una misma conformidad todas las referidas suertes y echádolas en un sombrero para que los seis primeros que saliesen quedasen por electores y por Regidores para el presente año. Y metiendo la mano en dicho sombrero desque sede buelta de conformidad de todos metio la mano un niño de tierna edad y saco una que decía Francisco del Rio, y luego saco otra que decía Lorenzo Alonso, y luego saco otra que decía Joseph del Rivero Granda, y luego saco

____

(1)   Antes de esta fecha los vecinos se reunían junto al *río* de los romeros, al lado del monasterio de Santiago, para administrar justicia públicamente, y más tarde se reunían en Caravia la Alta, bajo el frondoso nogueral de la Calvera.

otra que decía Domingo de la Thorre, y luego saco otra que decia D. Fernando de Peon, y luego saco otra que decía Vicente Díaz, de que se compone este Ayuntamiento. Y para el efecto de hacer los Sres. Jueces y Procurador general, se pasaron a entrar en la Iglesia Santa con dos Señores Jueces y Procurador general y mas oficios de Justicia desta República, y despues de haber echo orazion al Santísimo y sentado cada uno en su lugar fueron haciendo sus nombramientos; el dicho Francisco del Río nombro a Francisco de la Cuesta y a José Sanchez Estrada, y el dicho Lorenzo Alonso nombro a José Sanchez Pando y a Francisco de Duyos, y el dicho José del Rivero Granda nombro a José de la Thorre y a D. Francisco de Peon, y el dicho Domingo de la Thorre nombro a José Martínez y a Juan Díaz Cobian, y el dicho D. Fernando de Peon nombro a José Díaz Estrada y a Francisco Fernandez, y el dicho Vicente Díaz nombro a Juan de Migoia y a Antonio Díaz Victorero, y aviendose escrito en cédula distinta los nombres y echados en un sombrero rebueltose metio la mano Dn. Francisco Díaz Toyos vecino de este lugar y saco una que decía Juan de Migoia quien quede por primero Juez para este presente año que fenecera el día de San Silvestre ultimo día de el, y luego pasaron a hacerse para el Juez de abajo los nombramientos siguientes, Francisco del Río nombro a Juan Alonso y a Domingo de Duyos Rodríguez; y el dicho Lorenzo Alonso, nombro a D. José de Valle Rivero y a Francisco de Duyos Rodríguez y el dicho Joseph del Rivero nombro a D. Joseph de Valle Valdes y a Gonzalo de la Thorre, y el dicho Domingo de la Thorre nombro a Pedro Antonio del Río, y a Joseph Díaz Valvín, y el dicho D. Fernando nombro a D. Bernardo del Río y a Bernardo Gonzalez, y el dicho Vicente Díaz nombro a José Gonzalez y a Pedro Suerdíaz y por no saber firmar el dicho Jose Gonzalez volvio nombrar a José de la Isla, y echadas las suertes en un sombrero y aviendo metido la mano el dicho Dn. Francisco Díaz Toios saco una que decía Joseph de Valle Valdes quien quede por tal Juez en la misma forma este presente año y pasaron a nombrar Procurador general en el estado noble a D. Bernardo del Río Suerdíaz todos vecinos deste concejo, y pasaron a nombrar por Alcalde de la Santa herrandad a Agustín Alonso vecino así mismo de este concejo.....

Así que acaban de salir de tales Jueces ordinarios y el dicho Dn. Joseph de Valle Valdes Juez electo y aunque se estubo espe-

rando un gran rato a Juan de Migoia su colega no acabo de llegar
a este ayuntamiento por lo cual: y a este efecto llego el susodicho
y se les apercibio a uno y a otro de sus fianzas para darles la pose-

Fig. 46.—Un trozo de la calle del Río (Caravia la Alta).

sión de sus baras que entendido por los susodichos el dicho Juan de Migoia dijo no tenía quien le fiase y se paso a dar la bara y entregar al dicho D. José de Valle Valdes quien se obligo de cumplir con la obligación de su oficio administrando Justicia y cumpliendo con las realas ordenes del rey nuestro Señor, y con todo lo mas que se ofrece al servicio deste ayuntamiento y para su cumplimiento da por fiador a Francisco Díaz Valdes, vecino de este dicho lugar que esta presente que entendido el efecto de la fianza dijo salía por tal fiador y a que cumplira con lo que lleba prometido dicho D. Joseph de Valle Valdes y en defecto de el, el por sus propios bienes como tal fianza así lo dijeron y lo firmaron (1). Hay varias firmas.

Algunas veces no había votación por que «eran conbenidos en nombrar en concordia por conbenir así al fin publico y por la buena azministracion de la Justicia.»

¡Felices aquellos ciudadanos que tenían en el Ayuntamiento representantes honoríficos que respondían con sus bienes si no administraban bien los intereses del común! Hoy, algunos alcaldes, por administrar mal, en vez de perder sus bienes, si los tienen, lo que hacen es aumentarlos y ascender en su carrera política.

Para nombrar diputados, y personero del común, montero mayor y veedor, los vecinos elegían por votación a cinco personas, quienes hacían los nombramientos, recomendando a los elegidos el cumplimiento de «su encargo según y como la Real orden previene».

Caravia mantiene
su independencia

En el año 1839, la Diputación provincial propuso al Gobierno una nueva división de concejos, por lo cual Caravia tenía que pasar a formar parte del concejo de Colunga, pero los caravienses han tenido energía una vez más para conservar su independencia, elevando a la reina el siguiente documento:

---

(1) M. S. Archivo de la casa del autor. Legajo I, núm. 12, 25 y 30.

«SEÑORA:

El Ayuntamiento y vecinos de Caravia, provincia de Oviedo, a los R. P. de V. M..... la Diputación elevó al Gobierno de Su Majestad una división nueva de los concejos de la provincia, en que le cabe al que representa la poca fortunosa suerte de ser agregado al inmediato de Colunga, perdiendo su antiquísima existencia..... si la Diputación hubiera oído los perjuicios consiguientes a la mudanza que pretende..... los que tienen en su apoyo el hábito y las costumbres dignas de respeto y lo que afianzan sus hondas raíces en la obscuridad de los pasados siglos.

Caravia no es pobre, Señora, es bastante acomodada; en tiempo de Felipe 4.º redimió sus alcabalas y más oficios de Justicia, atendiendo así a las urgencias del Estado..... tenía voto completo en la Junta del Principado, con asiento preferente a 26 concejos, que siendo más grandes no reunía cada uno sino tercera parte de uno.

En el año 1822 obtuvo la concesión de mercado los viernes de cada semana.

Las contribuciones y demás cargas públicas se hacen con facilidad efectiva; las contiendas judiciales de los vecinos se libran con poco dispendio y fatiga y como patriarcalmente; la mayor subdivisión posible de distritos y el aumento de municipalidades era máxima considerada como útil en las pasadas épocas.

Por otra parte, Colunga y Caravia han sostenido pleitos que fueron zanjados favorablemente para Caravia.....

En el inmediato arreglo de que se practicó en 1822 fué conservada la existencia de Caravia y agregada a el Loroñe, perteneciente a Colunga; y los de Berbes, Alea y la Peruyal, que son de Ribadesella; así se formaba un distrito semicircular con más de 400 vecinos, no pasando la mayor distancia a la capital de tres cuartos de legua; los pueblos agregados reportaban considerables ventajas por la mayor proximidad, como también a los de Ribadesella se les evitaba el grave inconveniente que ahora sufren con la Barca del Río Sella, que en ocasiones de tormenta se encuentra embarazada por la inmediación al mar.

Por tanto, suplican a V. M. desestime el proyecto de la Diputación en cuanto a este concejo para agregarle a Colunga, conservando la forma actual o mandar unir a él los lugares de Loroñe, Berbes, Alea y la Peruyal.....

Caravia, 26 de Diciembre de 1839.—El Alcalde, *Carlos de Valle..*—Siguen las firmas (1).

¡Con qué dignidad, exenta de orgullo, han dicho los caravienses a la reina Isabel:!

—No somos pobres, Señora, siempre atendimos a las cargas del Estado y nuestras contiendas judiciales las resolvemos patriarcalmente—.

Caravia siempre defendió su independencia con la energía quizá heredada de aquel pueblo que habitó en el Pico del Castro porque «nuestro hábito y nuestras costumbres—dice el documento—tienen afianzadas sus hondas raíces en la obscuridad de pasados siglos.....»

El Ayuntamiento cubría los gastos de encabezamiento con lo que le producía el arriendo de la millonera de la Espasa, propiedad del concejo, y con un reparto trimestral que se hacía por «cáñamas» entre los vecinos, que solían ser de nueve cuartos; esta cantidad les correspondió pagar el año 1691.

La subasta de la millonera se hacía delante de la iglesia, «encendiendo una bela de cera»; y con arreglo a una Real Provisión antigua; entre las condiciones figuraba que en «la Venta de la Espasa han de tener tocino, pan, vino, zebada y otras cosas necesarias para el hospedamiento de transeuntes que por este camino público y Real transitan desde Bayona a Galicia»,

También remataban delante de la iglesia «a bela encendida el día de Natiuidad del Señor», el papel sellado y las bulas (2).

---

(1) Archivo de la Diputación provincial. Caravia. Epígrafe IV. Matrícula 22. En este legajo hay un documento que dice que cuando agregaron a Caravia los pueblos citados en la instancia dirigida a la reina, «la Diputación provincial declaró el río de Vega como límite divisorio entre Soto de Moro y Caravia, incorporando también a este concejo los caseríos de Llabayos, Lagabía, el Greyo, y el barrio de la Peruyal». Y al pasar Loroñe a formar parte del concejo de Caravia, sirvió de línea divisoria el río de Loroñe.

(2) MS. Archivo de la casa del autor. Legajo II, núm. 16, 17, 24, 25, 26, 27 y 35.

He aquí las Ordenanzas que tenía Caravia en el año 1779:

Antonio Alonso Rivas escriuano de S. M. del Nº y Ayuntamiento de este concejo de Caravia doy fe y verdadero testimonio como el Regimen y Ordenanzas con que se rige este dicho concejo que es Realengo, y a cuyo favor se hallan redimidas las alcabalas, y oficios de Regimiento escrivanías y mas de Justicia eng¹ en principio de año el Juez electo provehe, y manda que se publique en la forma acostumbrada, que todos los vecinos comprehendidos en su Jurisdicion vivan en el santo temor de Dios, y no blasfemen su santo nombre; que ninguno viva amancebado, ni de escandalo pena de ser castigado severamente, que no usen de juegos prohibidos ni se embriaguen en las tabernas cerrando las puertas de estas en las horas regulares; que ninguno trabaje en día de fiesta sin permiso, y del Parroco; que la gente vaga, y ociosa salga fuera de la Jurisdición o se aplique a algun ministerio, y que las mozas solteras no puedan vivir de por sí solas, y que uno, y otro, se cumpla bajo de sus respectivas penas y de proceder contra los contraventores a lo mas que el Ordº previene. Así mismo se manda concurran todos al plantío de Robles, y beneficio del servicio Real a los tiempos acostumbrados y oportunos: que en los sabados de cada semana del invierno salgan a las monterías a los sitios señalados, y de vuelta se junten a la composición de caminos reales y servicios al toque de campana, señal acostumbrada para semejantes juntas y ayuntamientos que se celebren; que se traigan al ayuntamiento las pesas y medidas para su reconocimiento previniendo así mismo de los que quisiesen a los Jueces antecesores tomarles sus cuentas, ocurran dentro de treinta días. Estas son las providencias que se observan y se mandan observar en este dicho concejo y se publica por el escribano del ayuntamiento, en los dos lugares de que se compone en los que y cada uno de ellos hay Juez noble y en todo el concejo seis Regidores y un Procurador general elegido anualmente y para que así conste y en virtuz de R. Orden que lo previene y a instancia del Caballero Procurador general de este principado doy el presente que signo y firmo en el lugar de Prado de dicho concejo y Mayo 20 año 1779.

En testimonio de verdad.—*Antonio Alonso Rivas* (1).

El año 1833 la Diputación provincial ordenó la anulación de las ordenanzas de los Ayuntamientos de Asturias. Caravia protestó de ello y nombró «cuatro personas para que diesen su razón sobre lo que más útil y adaptable fuese al benefizio de esta República». Las personas nombradas fueron D. Vicente Díaz Alonso, D. Antonio Alonso Rivas, D. Vicente de Valle Toyos y D. Antonio de la Arada (2).

La revolución del 68

El 26 de Septiembre de 1868, algunos vecinos de Caravia secundaron el movimiento que se inició en Cádiz al grito de: ¡Abajo los Borbones!, y se posesionaron del Ayuntamiento. El 2 de Octubre se reunió la Junta *revolucionaria* «con el fin de sostener los buenos principios que los caudillos de la revolución proclamaron en Cádiz el 18 de Septiembre último», y el día 12 volvió a reunirse para deliberar si se debía reconocer o no reconocer como Junta de Gobierno a la instalada el día 10 del mismo en la capital de la provincia por el sufragio universal, acordando reconocerla».

Otra vez se reunió dicha Junta el 17 de Octubre para designar los miembros que habían de formar el Ayuntamiento provisional. Al siguiente día tomaron posesión del cargo las personas elegidas y

---

(1-2) Archivo de la Diputación provincial. Caravia. Matrícula 14. Epígrafe 6.º Legajo II,

En este mismo legajo, hay un bando firmado en 1846 por el alcalde constitucional don Baltasar del Rio. El bando consta de cinco artículos en los cuales ordena que se vaya a misa los domingos y días festivos; la sana moral; prohibición de juegos; aprovechamiento de pastos y plantío de árboles; que cada uno procure conservar su propiedad, y que ninguna moza soltera habite por sí sola no siendo mayor de cuarenta años.

«el Presidente de la Junta revolucionaria les recibió juramento en la forma legal y de derecho» (1)

Y aquí terminaron, porque el 9 de Noviembre, en virtud de una comunicación del gobernador, los señores que componían el Ayuntamiento republicano hicieron entrega del edificio a las personas que acababan de formar el Ayuntamiento monárquico.

---

(1)   Archivo del Ayuntamiento de Caravia. Actas.

IGLESIAS Y CAPELLANÍAS

Sobre una explanada artificial semicircundada de un muro de sostenimiento, álzase, en apacible majestuosidad, la parroquia de Caravia, el templo donde recibimos el bautismo y aprendimos a adorar a Dios.

«—Santiago de Caravia es de apresentar e instituyir del obpo ensta eglia ha onze raziones e una capellania, es capellan rruy pez, e rracioneros alfonso ferrz de belum lieva tres rraciones, e el que fuer sacstan de la capilla que fizo el obpo don guirre (1) en Oviedo, lieva dos rraciones e vermundo alvaz otra, alfonso de Oviedo otra, diego de arroes otra, ferna alvar de lanera otra, e otra que ayunto el obpo a la capellania (2). los diezmos partense en ésta mana: la metad lieva el obpo, la otra metad las rraciones. E el capellan (3) lieva un dermero e un celemy de escanda de feligs e mas lieva del pie del altar seis ofrendas de las mas mejores e los mortuorios e no pagan procuracion al arcediano.» (4).

La parroquia de Caravia (Fig. 47), lleva actualmente como en la antigüedad el título de Santiago, es de patronato real, categoría de ascenso a proveer en concurso ordinario con 1.250 peaetas para

---

(1) El obispo era D. Gutierre de Toledo (1377-1389). La capilla estaba fundada en la Catedral de Oviedo.

(2) Al curato.

(3) El párroco.

(4) Del «Libro Becerro», formado en 1385 por el prelado D. Gutierre de Toledo.

el párroco: tiene su filial, Prado, y coadjutor que cobra 750 pesetas; las dos iglesias tienen una consignación de 270 pesetas de culto.

No podemos precisar el año de la erección de esta iglesia; suponemos que fué al finalizar el siglo xvi o a principios del xvii.

Fig. 47.—Iglesia de Santiago de Caravia, parroquia del concejo.

Y apoyamos esta suposición en que los vecinos de Caravia, según documentos que hemos visto, en 1595 se reunían «en concejo junto al riego de los romeros delante del monasterio de San Jacobo».

Los documentos anteriores al siglo xvii han desaparecido del archivo parroquial; el libro más antiguo que allí existe está encabezado así:

«—Libro de bautizados, casados, y difuntos que hice yo Fran^co Al^o cura de Santiago de Caravia por mandato del Licenciado Texada. Visitador general en la visita del año pasado del año 1620 a^os.»

Este dato nos aproxima a la fecha en que creemos fué erigido el templo, el cual tenía una sola nave, hasta el año 1862 que le agregaron las dos capillas laterales. Y en 1893 dieron más elevación al campanario, por lo cual perdió algo de sus bellas proporciones.

Las partes principales de la iglesia están construídas con materiales procedentes del antiguo monasterio de Santiago; de allí procede la lápida (Fig. 48) que existe sobre la puerta, en la cual

Fig. 48.—Lápida existente sobre la puerta de la iglesia
de Santiago de Caravia.

está grabada la Cruz de la Victoria, símbolo que figuraba siempre en las construcciones del rey D. Ordoño II.

La iglesia tiene un terno blanco, bordado en seda, de colores matizados, con tal arte, que llaman la atención; probablemente data de la época en que se construyó el templo (1).

Al fundar la parroquia en Caravia la Baja, hubo algunas desavenencias entre los dos pueblos, las cuales terminaron concediendo a los de arriba la capital del concejo, y «celebrando alternativamente los oficios de Semana Santa un año en la iglesia de Caravia la Alta y otro en la de la Baja».

El cementerio, adosado a la parroquia, no reunía las condiciones que determina la ley de Sanidad; el párroco, D. Amaro Alonso Campal, proyectó y llevó a cabo la construcción de otro en la ladera septentrional del bosque del Vallín.

Se inauguraron las obras el año 1916; D. Vicente Sánchez Pando, natural de Carrandi, casado con la distinguida dama cara-

____

(1)   En el archivo general del palacio episcopal, matrícula de Colunga, legajo III, núm. 41 al 49, y 51, 52, 59, 63 y 66..... existen datos referentes a la iglesia de Caravia.

viense D.ª Rita Pertierra Torre, donó para las obras 5.000 pesetas, por lo que el Ayuntamiento le nombró hijo adoptivo de Caravia.

La última persona que enterraron en el viejo cementerio se llamaba D.ª Esperanza Montes, y la primera que inhumaron en el nuevo, D. José Díaz Collera.

Santiago de Caravia.....

Dice la tradición que cuando el monasterio de Santiago de Caravia, estaba amenazando ruina, determinaron los caravienses sacar de allí a los santos y llevarlos al pueblo. Y que hubo grandes discusiones entre los de Caravia la Alta y los de la Baja, sobre cuál de los dos pueblos tenía derecho a llevarse a la imagen de Santiago.

El monasterio estaba erigido en la margen oriental del *río* de los Romeros y por lo tanto en términos de Caravia la Alta, razón suficiente para que los de arriba tuvieran más razón que los de abajo.

Y una hermosa mañana, los vecinos de Caravia la Alta descendieron al *río* de los Romeros, entraron en el ruinoso monasterio y después de rezar al Apóstol, le bajaron del altar, y colocándolo cuidadosamente en unas parihuelas, a hombros de cuatro mozos, le llevaron *procesionalmente* hacia el pueblo.

Cuando subía tan original *procesión* por la Calzada, caminaba sobre fogoso alazán por la ería de los Duesos, en dirección a Deldi, el caballero hijodalgo D. Antonio de Arada (1) vecino de Caravia la Baja, el cual viendo que llevaban a Santiago, clavó las espuelas en los ahijares del caballo y emprendiendo una carrera velocísima, dió alcance a la *procesión* al llegar a la Tejera; se metió entre la gente, cogió a la imagen, y dijo:

—El que quiera a Santiago que vaya por él a Caravia la Baja.

Y marchó.

Y cuentan hoy en el pueblo que reventó el caballo por tanto correr.....

----

(1) El nombre de D. Antonio de Arada figura en algunos documentos del año 1606, de nuestro archivo.

Los párrocos

Desde el año 1620 hasta ahora, hubo en Caravia los párrocos que aquí figuran, posesionándose de la parroquia en las fechas siguientes:

D. Franciso Alonso Villegas.	año 1620
» Domingo Alonso	» 1632
» Juan Rodríguez Castillo.	» 1639
Licenciado Gonzalo de Suardíaz	» 1657
» Antolín Gutiérrez Canseco . .	» 1680
D. Antolín Fernández Calsacue	» 1693
» Toribio Fernández Posada	» 1720
» Miguel José de Cué Morán.	» 1745
» Nicolás Alvarez Santullano.	» 1805
Dr. Bonifacio Velasco de Velasco. . . .	» 1851
D. Francisco Quirós	» 1858
» Ramón Pérez	» 1896

Desde el 24 de Abril de 1911 está al frente de la parroquia el Licenciado D. Amaro Alonso Campal.

En la actualidad (1919) ocupa la coadjutoría D. Juan Fernández.

Nuestra Señora de la Consolación

La iglesia de Nuestra Señora de la Consolación, filial de la de Santiago, está erigida en un sitio pintoresco de Caravia la Alta, rodeada de vetustas casas señoriales y de frondosa arboleda (Figura 49). Delante de ella está la explanada que llamaban la Calvera, convertida hoy en un pequeño parque.

Esta iglesia es relativamente moderna; en 1743 figuraba como capilla y en ella decía misa de pueblo el cura de los Duesos Don Toribio Fernández Posada, quien fundó en ella una capellanía con el título de Nuestra Señora de la Consolación, nombre que lleva la iglesia desde entonces.

En 1773 se estableció allí la cofradía del Santísimo Rosario, inscribiéndose en ella 510 cofrades.

Fig. 49.—Iglesia de Nuestra Señora de la Consolación. (Caravia la Alta.)

En una de las pilastras que sustentan el arco toral hay esta inscripción: «Se reedificó esta capilla en 1778», y el campanario tiene la fecha 1868.

En la novena que precede a la fiesta de Nuestra Señora de la Consolación, la cual se celebra el primer domingo de Septiembre, hombres, mujeres y niños entonan a la Virgen cantos antiquísimos en versos octosílabos; el coro de ancianos canta desde la tribuna:

> Portento os decretó el cielo,
> Consuelo de los mortales.
>
> CORO
>
> Remediad todos los males
> A los que habitan el suelo.

. . . .

D. Antonio de Cangas, vecino de Caravia la Alta, hizo varias donaciones a esta iglesia, entre las cuales figuran la lámpara y el viril que hoy existe, y 100 ducados (1).

La casa de D.ª Emilia Argüelles de Argüelles disfruta a perpetuidad en la iglesia los honores de estrado y asiento al lado del Evangelio.

Capellanías

En Diciembre de 1670 fundó el licenciado D. Gonzalo de Mier, cura párroco de Sorribas, concejo de Piloña, la capellanía de Nuestra Señora de la Expectación; construyó la capilla en la Rotella y la dotó con bienes y dinero.

Esta capellanía era de patronato y presentación de nuestra casa de Valle. El capellán tenía la obligación de decir dos misas cada semana; el último capellán fué D. Manuel Antonio Frera, el año 1820. La capilla fué derribada indebidamente hacia el año 1902 (2).

D. Antonio de Covián, presbítero y vecino del lugar de Valle, «de la feligresía de Santiago de Carrales», a su costa y expensas, en Octubre del año 1671, fundó en Valle, en el prado de la Hermita, «la capellanía del Buensuceso y San Antonio, colativa de Pa-

---

(1) Archivo de la casa de D.ª Emilia Argüelles de Argüelles. Legajo III, núm. 12. — Caravia.

(2) Archivo de la casa del autor. Capellanías.

tronazgo y de presentación por el patrono». Y según previene la escritura de fundación, el capellán estaba obligado a decir dos misas cada semana en la referida capilla (1).

En el libro de visitas de esta capellanía puso la primera firma, en 1774, el obispo de Larén D. Juan de Llano Ponte; el libro termina en 23 de Septiembre de 1801 (2).

El 31 de Marzo de 1675, D. Miguel Sánchez Escudero, «de la iglesia parroquial de Santiago de Caravia», en el ofertorio de la misa, anunció a los vecinos que D. Marcos de Covián Valdés había fundado en los Duesos, en el sitio llamado el Cueto, la capellanía de San Antonio de Pádua.

D. Marcos de Covián era escribano de número del Ayuntamiento de Colunga y con fecha 18 de Febrero de 1675 hizo la escritura de fundación de la capellanía y nombró capellán de ella a «D. Roque de Lamadriz clérigo de menores órdenes para que fuese su capellán por toda su vida o mientras no hiciera vacante de ella y que a su título se pueda ordenar de las órdenes sacras hasta presbítero» (3). La casona que está delante de la capilla fué construída algunos años después que ésta.

D. Toribio Fernández Posada, natural de Llanes y cura propio de los Duesos y de Prado, en 1743 fundó en la capilla que hoy es iglesia de Nuestra Señora de la Consolación, una capellanía con el título de dicha imagen.

Nuestra casa de Valle nombraba el capellán para esta capellanía. El año 1837 por muerte del presbítero D. Manuel Frera Conlledo, D. Antonio María de Valle como «hijo legítimo y primogénito de D. Joaquín de Valle, difunto, según así consta en el último estado, que es patrono con todos sus vínculos y mayorazgos, nombró capellán a su hijo D. Manuel de Valle Frera según lo prevenido por el fundador» (4).

---

(1)   Archivo general del palacio episcopal, matrícula de Colunga, legajo LX, núm. 45 y 46.

(2)   Archivo de la casa de D.ª Emilia Argüelles de Argüelles. Legajo II, núm. 82.—Caravia.

(3)   Archivo general del palacio episcopal, matrícula de Colunga, legajo III, núm. 43.

(4)   Archivo general del palacio episcopal, matrícula de Colunga, legajos XIII y XIV, núm. 19 y 16. En los legajos aquí citados referentes a capellanías figuran los bienes de éstas.

Esta capellanía ha sostenido un pleito que duró cuatro años; fué fallado el 5 de Junio de 1841, «reduciendo la precitada capellanía a la clase de aniversario y legado pío.....; que a D. Antonio María de Valle se le expida el correspondiente título, con mandamiento de posesión rendimiento de frutos y rentas en forma que le exhibirá al párroco para que lo anote en los libros de Fabrica» (1).

La capilla de San Lorenzo

No hemos encontrado el nombre de la capilla de San Lorenzo en la matrícula del archivo general del Obispado. En *España Sagrada* cita el P. Risco una lápida que se conservaba en esta capilla. Dice:

«...IN ⋮ HAC ⋮ ECLESIA ⋮ SUNT
»MULTE ⋮ RELIQIE ⋮ PRECIO-
»SISSIMI ⋮ RECONDITE ⋮ SANCTI
»VINCENCII ⋮ SANCTE ⋮ MARIE VIRGINIS ⋮ SANCTI
»MICAHELI ⋮ ET ALIE MULTE ⋮
»ROBERTUS ABBAS DE CUADRODVENIA
»RESTAVRAVIT ⋮ ET MARTINUS EPISCOPUS
»OVETENSIS ECLESIE CONSECRAVIT
»IIII ⋮ KALENDAS AUGUSTAS IN ERA TCLXXXIIII.»

En esta iglesia hay muchas reliquias preciosísimas, escondidas, de San Vicente, Santa María Virgen, San Miguel y otras muchas. Roberto Abad de Cuadroveña restauró, y Martín Obispo de Oviedo consagró. Agosto 29 de Julio del año 1146.

El *Estadismo de la Diócesis de Oviedo,* año 1902, pág. 29, dice que el obispo Martín II consagró la iglesia de Cutre en Caravia. La capilla, en la cual se conservaba la lápida y que es propiedad del Sr. Cutre, tiene 4,55 metros de largo, 3,25 de ancho y 2,80 de alto las paredes laterales.

Ni en documentos antiguos, ni por tradición hay noticias de que

---

(1) Archivo de la casa del autor. Capellanías.

esta pequeñísima capilla, en la que no caben más de 16 personas, haya sido iglesia de Caravia. Conste así.

El monasterio de Santiago fué fundado en la segunda mitad del siglo xi, y es posible que en el siglo xii haya sido restaurado por el abad Roberto.

Es mucho de advertir que «a fines del siglo xiii, estaba al frente del monasterio de Santiago un abad titular, el cual parece era personado de la iglesia de Oviedo, como consta de una escritura de venta por la que ciertos particulares vendieron a Pedro Gutiérrez canónigo y abad de Caravia, una llosa en Oviedo junto al camino de Langreo llamada Piñera; se otorgó en la Era 1298 (año 1260) y la trae Torres en su catálogo» (1).

Otra lápida

En la fachada posterior de la casa de Cutre, sita en Caravia la Alta, existe una lápida (Fig. 50) que no está registrada en *Epi-*

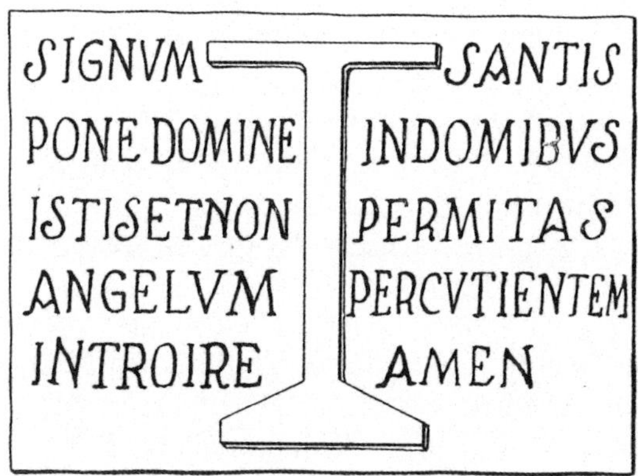

Fig. 50.—Lápida existente en la fachada posterior de la casa de Cutre.

grafía asturiana ni en otros textos; nosotros la damos a conocer ahora:

____

(1) *Diccionario geográfico de Asturias.* MS. Tomo I.- $\frac{12\text{-}19\text{-}7}{105}$. Biblioteca de la Real Academia de la Historia.

Signum (crucis) santis pone, Domine, indomibus istis; et non permitas angelum percutientem introire, amen. Pon, señor, la señal de la cruz en estos santos edificios; y no permitas que en ellos entre el Angel que castigando hiere. Amen.

La segunda parte de la inscripción alude a la última de las plagas de Egipto, en cuyo suceso el Angel, que mató a los primogénitos preservó a los israelitas viendo en las puertas de las casas de éstos la sangre del cordero pascual, figura de la que derramó Cristo en la cruz.

La inscripción es interesantísima bajo el punto de vista histórico y epigráfico porque es la que ponía el rey D. Alfonso III el Magno sobre las puertas de sus edificios. En el castillo-fortaleza que este rey construyó en Oviedo para defensa del tesoro de la iglesia, todavía existe dicha inscripción (1).

Lo mismo esta lápida que la anterior (la cual ha desaparecido), creemos que pertenecieron al monasterio de Santiago.

Una cruz

En algunos dinteles de las puertas de las casas de Caravia y en los hórreos, hay cruces grabadas o pintadas, y hacia esos puntos llevamos nuestras investigaciones para ver si encontrábamos algo que fuera digno de estudio.....

Hicimos quitar la cal que cubria el dintel de la puerta de la casa núm. 25 del Condado, en Duyos, y apareció una cruz grabada (Fig. 51) con una inscripción al pie; esta cruz estaba tapada hacía muchos años, nunca la habían visto las personas más ancianas del pueblo.....

Fuimos a buscar a nuestro fotógrafo para que fotografiara la cruz, y cuando a la media hora volvimos con él, presenciamos lo siguiente:

____

(1)   Este castillo-fortaleza, que en 1818 fué reedificado para destinarlo a cárcel de hombres, ha sido comprado por una Sociedad Ovetense; y estos días (Abril de 1919) comenzaron a derribarle.

Puesta de pie sobre una *tayuela* estaba la dueña de la casa; tenía el cabello suelto, los brazos al desnudo y con un martillo de *cabruñar* la guadaña, golpeaba rápidamente la inscripción. y decía:

—Agora lo verán, sí, madíos, a min non me quita la casa el

Fig. 51.—Cruz grabada en el dintel de la puerta de la casa núm. 25
del Condado, en Duyos. (Caravia la Baja.)

Gobiernu, e nuestra, non la iguamos nos, pero heredámosla, e verdá, que vayan a leer.....

—¡Qué haces, desgraciada—le dijimos!

Volvió la cabeza, y dirigiéndonos una mirada idiota, dejó caer el martillo y comenzó a llorar y a decir entre sollozos:

—Dixéronme aquelos que el letreru traía que la casa e del Gobiernu y dicen que usted me la va derribar para cavar aquí como nel Picu 'l Castru.....

¡Pobres gentes; hay que perdonarles!.....

De los golpes del martillo no se salvó más que la cruz; en su base triangular y escalonada lateralmente, estaba grabada la inscripción en letras capitales romanas. Nuestra memoria conserva las siguientes:

AVI . . OS

R . . . .

. . . .

La inscripción se componía de tres líneas; y la de arriba no tendría más de siete letras.

Nosotros creemos que la cruz es de fines del siglo x o principio del xi. Y quizá tenga esta casa alguna relación con el fundador del monasterio de Santiago.

CARAVIA MILITAR

Los habitantes de Caravia, obligados por la situación topográfica de su territorio, han tenido que ser guerreros desde los tiempos más remotos hasta la invasión francesa el año 1809.

Desde la Espasa a la Braniella hay cerca de una legua de costa y a sus hermosas playas del Visu y Moris, arribaban las naves enemigas y acaso entre ellas las de los piratas desconocidos y audaces que en tiempo de Ramiro I aparecieron en nuestra costa: los normandos (Nork-menn, hombres del Norte); estos piratas escandinavos, del siglo ix al xii, multiplicaban sus expediciones en todos los mares de Europa.

Las defensas naturales de Lastres y de Ribadesella, y el artillado de sus puertos en el siglo xvi, obligaba al enemigo a buscar el punto más fácil para desembarcar, encontrándolo en las playas de Caravia y en la de la Isla.....

Y España estaba en guerra con las Provincias Unidas de Holanda; la escuadra de Luis XIII amenazaba el litoral cantábrico; entonces los pueblos costeros, y entre ellos Caravia, se apercibieron a la defensa.....

Defensa de la costa

El sargento mayor D. Francisco Moreno de Aranda, uno de los tres que servían a S. M. en este Principado, dictó en Caravia las siguientes disposiciones:

«Por cuanto Rodrigo Gerónimo Pachecho Gobernador y Capitan General deste principado menbio una orden para que abiéndola recebido fuese luego abisitar mi partido y enel prebenga todos los cassos necesarios que conbengan al serbicio de S. M. tocante aguerra. Atento El Rey de francia tiene hechos muchos aparatos de guerra por mar y tierra baliendose de Olandeses y los de Argel y habiendo hecho partido alistarse a comunicar con Sus Mercedes lo que me parecía ser mas conbeniente de todo lo quera necesario para prevención de guerra y costodia desta Costa: Su Merced me ordeno conociese en la orden que se me había entregado y quenbirtud della y de mí oficio viese lo que mas conbenía y lo dejase ansí ordenado a los Conzejos Justicia y Regimiento y Capitan dellos trayendo los testimonios conbenientes para que se puedan ejecutar las penas que por mí se les empusiera a los rebeldes que tubieren remisos en el cumplimiento de lo que quedase ordenado en los ayuntamientos. Entregando la orden a uno de los jueces ordinarios para que se junte el ayuntamiento y se publique y ponga en los libros del y se haga notificar a las personas a quien tocare cumplir cada uno por si lo que le tocare esas órdenes porque así conviene al seruicio de S. M., atento lo cual ordeno a los señores Justicia Capitan y Regimiento del conzejo de Caravia que vista la presente Sus Mercedes, se junten en su ayuntamiento y cumplan las ordenes que aquí írán declaradas.....»

Órdenes

«Primeramente que en cuanto a las armas de fuego que tocan a este concejo, las tienen todas las personas que tienen caudal para tenerlas que son diez y seis arcabuces y labecindad no son mas que sesenta vecinos pobres. Su merced, cuanto a esta clausula, la aprobo. Y aqui no es necesario centinela.

Item. que habiendo propuesto y ordenado se compre bandera y caja como seahordenado otras veces.....

..... y que luego se compre una caja y que haya persona que la toque.

Iten. que por cuanto seahordenado que aya lista debecindad por que las antiguas no estan en perfición por los que se han muerto muchos y otros cassados nueuos y que se ponga enella conditencion las personas que tienen armas de fuego y las que tienen lancas=y ansí mismo se declare todas las personas que tienen de diez y ocho años arriua para que sirvan por sus padres y no se ocupen los viejos.

Iten. que si ubiese algún pobre de solenidad y desnudo no se ponga en la lista.

Iten. que Su Merced del capitan venga con sus armas a los alardes y cumpla conellas, para que los demás Justicia y Regimiento y mas vecinos cumplan con su obligación y vengan conellas a dichos alardes y Sus Mercedes los Jueces el año que les toca las traigan sus criados.

Iten. que cada quince días, en días de fiesta, Sus Mercedes saquen a tirar al blanco a sus soldados para que se hagan diestros.

Iten. que atento que aquí hay al presente pólvora que se compren dos arrobas de plomo y se hagan balas=y tres arrobas de cuerda para el tiempo de la ocasión y se les dara por sus dineros a quien le hubiere menester.

Iten. que dentro de un mes y medio se cumplan con las dichas ordenes, y la lista de bezindad y las armas se me enbíen a mi cassa a la Villa de billabiciosa a mi casa de morada, y dentro de mes y medio, así mismo se me envíe testimonio de como se ha cumplido lo que aquí queda hordenado para que Su Merced el Sr. D. Rodrigo Gerónimo Pacheco Gobernador y Capitan General de este Prinzipado vea lo que queda hordenado eneste casso y Sus Mercedes lo cumplan sopena de seismil maravedises aplicados para gastos de guerra.

En Caravia a veinte y un días del mes de Enero de mil seiscientos treinta y tres años. Probeyolo Su Merced de Francisco Moreno de Aranda Sargento mayor y lo firmo.—*Francisco Moreno de Aranda.*—Por su mandado, *Gonzalo de Suerdiez.*»

Arcabuces y lanzas

Para cumplir la orden de D. Francisco Moreno de Aranda, se juntaron los vecinos en la Calvera e hicieron el recuento de armas y la lista de vecindad:

Anº de Cutre, Capitán	Arcabuz	Domingo Fuente	Lanza
Gonzalo de Suerdiez	Arcabuz	Alº de la Torre	Lanza
Rº Martinez	Arcabuz	Anº del Uncal	Lanza
Gonzalo demeluerda	Arcabuz	Juan de Mier	Lanza
Juº de Suerdiez	Arcabuz	Juan Fernandez Montesin	Lanza
Felipe Balbin	Arcabuz	Julio Migoya el mozo	Lanza
Juan demier	Arcabuz	Pablo de Suerdiez	Lanza
Antonio Riega	Arcabuz	Gonzalo de Arada	Lanza
Cosme de Arada	Arcabuz	Anº... (ilegible)	Lanza
Antº de Arada	Arcabuz	Froº de Cué	Lanza
Antº de Valle	Arcabuz	Juan de Cué	Viejo
Pablo Diz	Arcabuz	Aº de Duyos	Probe
Gº de Covian	Arcabuz	Juº Díaz	Ciego
Domingo de Valle	Arcabuz	Juº de la Torre	Lanza
Pº de Cué	Arcabuz	Domingo Diaz	Lanza
Anº de Miranda	Arcabuz	Marcos Bode	Lanza
Miguel Alº	Arcabuz	Lº Suarez	Lanza
Antº ...cia	Lanza	Juan de Duyos	Lanza
Juan Pando	Viejo	Juº del Rio de duyos	Lanza
Alº Pando	Lanza	Juº Sastre	Lanza
Cozme de Duyos	Lanza	Juº del Rio de los duesos	Lanza
Antonio de Duyos	Probe	Antº del Rio	Lanza
Ansº Brabo	Lanza	Aº Alº	Lanza
Diº de Mesariegos	Lanza	Rº... (ilegible) el mozo	Lanza
Juan de la Cuesta	Lanza	Juan Pando	Lanza
Juan de Cué el mozo	Lanza	Diº de la Torre	Lanza
Diego de Cué	Lanza	Estebano de la Torre	Lanza
Juan del Rio, sastre	Lanza	Juan de Corao	Lanza
Domingo de Duyos	Lanza	Juº Fuente	Lanza
Antonio Fuente	Lanza	Pedro de Mier	Probe

Se ordena que las lanzas estén bien prevenidas y aparejadas y los arcabuces con las municiones y los recados que el arma requiere; los señores Justicia Capitán y Regimiento, ordenan que los hombres útiles que no tengan armas se provean de ellas para defender la costa (1).

La moral del soldado

El 8 de Octubre de 1656, D. Sebastián Urtado de Corcuera, «gobernador de las Armas del Principado de Asturias y cuatro vi-

---

(1) MS. Archivo de la casa del autor. Legajo III, núm. 8.

llas de mar etc.», publicó en Gijón una instrucción en la cual ordena a los capitanes que no se sirvan de los soldados de su compañía como si fueran criados domésticos «sin pagarles su trabajo solo con darles de comer a título de arrendadores de sus tierras y por que no se las quiten toleran y no se atreven a quejarse a quíen lo puede remediar.....»

«De continuar así—dice que—se «les quite la compañía para que el Capitán pierda crédito y reputación.....»

«En toda la costa de este Principado están puestas garitas y atalayas desde donde se hace centinela..... cuando se tengan noticias de que se acerca el enemigo pondrán soldados en dichas gariritas y atalayas. Comenzarán los mas nobles y acomodados a hacer este servicio para ejemplo de pequeñuelos.....»

«Tengo entendido que los vecinos de mas obligación cargan las centinelas a los pobres aldeanos y se van a pasear por la villa a hacer desorden..... no consentirán los cabos ni los centinelas que estuvieran a las armas, que nadie las lleve a empeñar como lo suelen hacer cuando están durmiendo los dueños, ni los cabos se atreverán a multarlos en dinero cuando hacen alguna falta quedandose con el o gastándolo en las tabernas» (1).

«Por que los aldeanos de tierra adentro de la marina saben manejar mejor la escopeta de chispa por que se valen de ella tal vez para cazar, se les permita usarlas en lugar de arcabuces..... A sí mismo se hará que los chuzos que usan los aldeanos sean de 15 y 16 palmos de largo todos iguales y que las picas en puertos marítimos sean de 22, con que parece se amañarán mejor que si fueran de 25 como se acostumbra en los puertos..... al repartir las armas en cada compañía de 300 plazas ha de haber por lo menos 50 bocas de fuego ya sean de chispa o de cuerda.....» (2).

El Capitán D. Francisco de Porras Calderón, con su ayudante, fué el encargado de hacer que se cumpliera y respetara la anterior instrucción, visitando su partido en cada cabecera de su jurisdicción.

____

(1)   El 18 de Enero de 1708, el rey D. Felipe V publicó una Real orden diciendo que «la persona que comprara de soldado cualquier alhaja de uso de arma, además de restituirla a la Justicia se la impongan doscientos ducados de pena si fuese persona noble y si plebeya se le enviará a Galera por cuatro años.»

(2)   MS. Archivo de la casa de D.ª Emilia Argüelles de Argüelles. Legajo I, núm. 29. Caravia.

La guerra de sucesión

En las luchas que hemos sostenido con franceses, ingleses, portugueses y holandeses para sostener a Felipe V en el trono, los habitantes de Caravia, como todos los de los pueblos de la costa de Asturias, vivían en continuo sobresalto, teniendo que abandonar el arado y coger las armas para impedir que los extranjeros pusieran la planta sobre el suelo asturiano.

Una escuadra inglesa, con soldados de su país, portugueses y holandeses, amenazaba y cañoneaba algunos puertos y pueblos de la costa, como hizo con Caravia.

..... «en las guerras de sucesión, desde el mar, llegaban las balas de los ingleses al dicho lugar y se hallaron, poco hace, dos en una huerta y otra cayó en la casa que hoy posee D. Francisco Peón y se conserva allí con las otras dos que se hallaron en su huerta; yo he visto y tomado en mis manos dichas balas» (1).

Tres prisioneros holandeses

No sabemos si cuando los sucesos anteriores desembarcarían en las playas de Caravia algunos ingleses y holandeses, pero lo cierto es que aquí han estado prisioneros tres súbditos de Holanda.

«El 15 de Marzo de 1708, siendo Juez por el estado noble D. G° Díaz Mier, y Procurador General D. Ju° Ant° de Cangas Estrada, se reunió el Ayuntamiento para dar cuenta de una Orden del Licenciado D. Ivan Francisco Santos de San Pedro, Gobernador y Capitán a guerra de este Principado. La orden está fechada el 14 de Febrero de dicho año, y en ella pregunta al concejo si tienen en su poder prisioneros de las naciones de Inglaterra, Portugal y Ho-

---

(1) *Diccionario geográfico y estadístico.*—MS. $\frac{12\text{-}19\text{-}7}{105}$ Biblioteca de la Real Academia de la Historia.

landa, y en este caso, que con cuanto pan les socorren y cuál era su precio.

Caravia contestó que desde el 18 de Julio de 1707 tiene en su poder a tres soldados prisioneros, de nacionalidad holandesa, que dijeron llamarse *Esaías Bique, Joan Dinqueforte* y *Luis Utie*. Que les dieron a cada uno libra y media de pan cada día, que la libra de pan en el concejo de Caravia vale tres cuartos, y que los holandeses llevaban allí 272 días» (1).

Al leer el documento llamó nuestra atención el apellido de uno de los prisioneros, porque a 100 metros de la iglesia de Caravia la Alta, junto al viejo camino general y bajo frondosos castaños, álzase un peñascal yedroso, y entre sus hendiduras hay una cavidad que se llama la cueva Bique, donde se «se oyen por las noches ruidos de cadenas».

Se nos antoja creer que la cueva tiene aquel nombre porque han cogido en ella al holandés Bique, o porque murió en el pueblo fuera de la religión católica y lo enterraron allí (2); y fundado en esto, quizá la fantasía popular o la superstición creyó oir por las noches en la cueva aquel «ruido de cadenas».

Aquí no hay clase pechera.....

En 1776, deseando el rey aminorar en su ejército la fuerza que tenían las compañías, correspondió al concejo de Caravia parte o quebrado de un soldado que había de sortearse entre los mozos «pecheros» útiles, desde la edad de 17 hasta 36 años.

Para sortear el quebrado debían juntarse los concejos de Llanes, Ribadesella, Colunga y Carrandi, a quienes tocaba otro quebrado, para componer, entre todos, un soldado, en el lugar que acordasen las respectivas Justicias dentro de cuatro días; y no conformándose, desde luego tenían que reunirse en Ribadesella.

---

(1)   Archivo de la casa del autor. Legajo ill, núm. 15.

(2)   En Caravia, cuando moría un niño sin bautizar lo enterraban en los *pellovios* de la iglesia, fuera del cementerio; nosotros recordamos esta costumbre.

Para dar cumplimiento a lo anterior se reunió el Ayuntamiento el 26 de Septiembre y dijo:

«Que mediante la presente no hay ninguna persona ni vecino comprendido entre la clase pechera, por ser todos nobles, como más bien resulta del último padrón que en el pasado de 75 se remitió de este concejo a Su Señoría..... que todos gozan de noble estado y así consta cuando el caso llegue.—*Francisco Xabier de Peón, Juan Antonio de Valle, Joseph de Valle, Franco Antonio de las Rivas Villar, Juan Díaz Rivero, Joseph Díaz Río.*—Ante mí, *Antonio Rivas Balbín*» (1).

Guerra con Francia

..... Debatíase la cuestión de si España debía o no entrar en el concierto de las naciones aliadas para acabar con la revolución francesa. El Conde de Aranda no era partidario de denunciar el Tratado de Paz, pero triunfó la política de D. Manuel Godoy, declarando la guerra a Francia el 3 de Marzo de 1793.....

Los franceses hacían propaganda revolucionaria en España. El juez de Caravia, por aquella época, recibió una Real orden de los «Señores del Supremo Consejo» prohibiendo la circulación de un «Catecismo francés para gente del campo, que contiene máximas y principios sediciosos.....»

También recibió una Real provisión de la «Audiencia de Asturias con inserción de la Real Resolución tomada por S. M. para que las Justicias del Reyno registren a todos los Extranjeros empleados en los exercicios de caldereros, amoladores y otros oficios vagantes que entran y giran por España.....» (2). Y por Caravia «vía Cantabria», circulaba esta clase de gente.

El 17 de Septiembre de 1794, reunidos delante de la iglesia de Nuestra Señora de la Consolación en su Ayuntamiento público y abierto, los señores Justicia y Regimiento dijeron a los vecinos:

---

(1)   MS. Archivo de la casa del autor. Legajo III, núm. 12.
(2)   Archivo de la casa del autor. Legajo III, núm. 44 y 55.

«—Que habiendo recibido una Real orden de los Señores Regente y Oidores de la Real Audiencia de este Principado con fecha seis del corriente mes, en razón de que se tomen precauciones de los insultos y excesos que cometen los franceses contra esta Monarquía en varios parajes, y que no basta para contenerlos la tropa del Regimiento provincial de este Principado—era preciso que—los vecinos se dispusieran para defender la patria de los casos ocurrentes alistándose todos los hombres útiles sin distinción alguna que fuesen capaces de tomar las armas desde la edad de 17 hasta 50 años.....» (1).

Y se alistaron todos, según consta en este documento.

El Regimiento de Nobles

Días eran aquellos de peligro para la patria; los franceses eran dueños de Bilbao y se temía que avanzaran hacia Santander y Asturias protegidos por una escuadra. La Junta general del Principado proyectó la organización de un Reglmiento de Nobles, y el 14 de Marzo de 1795 remitió al Gobierno de S. M. el «Plan del Regimiento.....»

El juez primero, noble de Caravia, D. José de Valle, recibió una Real orden comunicada por el Excmo. Sr. Conde del Campo de Alanje a la Junta del Principado, fechada en Aranjuez el 13 del mes de Abril de 1795.

Dice que..... «enterado el Rey del número de hombres que han correspondido a cada Concejo de los de ese Principado para la formación del Regimiento de Nobles que U. S. está levantando, y de la buena voluntad con que se han prestado todos a este servicio, a excepción de los de Gijón, Illas, Castrillón y algunas Parroquias del de Villaviciosa, y respecto de que por esta consideración los exoneró S. M. del Sorteo y Quinta que debían hacer promiscuamente con los del Estado General, para el anterior Reemplazo del Exército; es su Real voluntad, que o se les incluya en ella, o se les

____

(1)   MS. Archivo de la casa del autor. Legajo I, núm. 16.

obligue a presentar la gente que se les pide en razón de vecindario, para que se verifique la formación de ese cuerpo.

Luego que lo esté, su primer Batallón remitirá U. S. la propuesta de los empleos correspondientes a él, para que pueda pasar a servir al Exército de Navarra, en donde S. M. lo ha destinado.....»

El 13 de Mayo de 1795 se juntaron delante de la iglesia de Nuestra Señora de la Consolación los Jueces, Regidores y vecinos del Concejo de Caravia para hacer el sorteo de los tres mozos que debían formar parte del Regimiento de Nobles, correspondiendo el honor a D. Vicente Caride Torre, D. Francisco Fernández Pendás y D. Juan Fernández Isla, quienes se incorporaron al regimiento en Oviedo el 12 de Junio de dicho año (1).

No sabemos si este regimiento habría sido necesario en Navarra, porque Francia pidió la paz, que se firmó en Basilea, el 12 de Julio de 1795.

---

(1)   Archivo de la casa del autor. Legajo III, núm. 49, 18, 19 y 47.
En los documentos del siglo xvii al xix vemos que los jóvenes iban a servir al rey a los 16 años de edad; de aquí la copla:

> Ay de mí que soy soldado
> sin acabar de criarme;
> llorando me despedí
> de mi padre y de mi madre.

Y el llamamiento de los quintos se hacía por medio de una Carta o Real orden que era leída públicamente a los vecinos a la salida de misa de pueblo; por éso todavía cantan las niñas:

> Carta del rey ha llegado
> para los mozos de ahora,
> llamándolos a la guerra
> a defender la corona.

Los gastos que ocasionaban los «Regimientos de Milicias» que guarnecían la costa, entre los cuales figura uno mandado por D. Joaquín de Velarde, se cubrían por repartimiento entre los concejos con un impuesto llamado de «utensilios». En el reparto hecho el primer trimestre del año 1794, Caravia pagó por «utensilios doscientos once riales y siete maravedises».

La guerra de la independencia

No hemos encontrado papeles que traten de lo que hizo Caravia en aquella jornada; pero en nuestra niñez hemos oído contar,

Fig. 52.—Costa de Caravia. El peñón de Melín. En el fondo, Lastres.

entre otros al anciano Cirbián, algún episodio de la guerra de la independencia.

Un día, hacia el año 1884, desde la fuente de la Vega y por entre *cotollares* floridos que *acariciaban* nuestras piernas con sus espinas, subimos con Cirbián hasta la Atalaya, de donde se ve todo el valle de Colunga y la costa desde Lastres hasta la Braniella.

Y después que el anciano hizo un cigarrillo, envolviendo el tabaco en hoja de maíz, nos dijo:

«—Mira: En aquella loma cubierta de verdor que se vé más

allá de Sales, esperaron a los franceses los vecinos de estos contornos y con ellos los de Caravia. Iban provistos de chuzos y de escopetas, armamento insuficiente para contener a las tropas de Bonet que avanzaron hasta Colunga; aquí, después de saquear la Villa, quemaron el archivo municipal e instalaron un campamento junto a la iglesia antigua en donde fusilaban a todo el que cogían con armas en la mano.

Desde Colunga se desparramaron por estos pueblos, y antes de que llegaran a Caravia, las mujeres, niños y ancianos, se fueron a las cabañas de Merguyines, a las cuevas, y a los pueblos trasmontanos llevando consigo los objetos de valor y todo el ganado. Los hombres útiles formaron guerrillas que, mandadas por D. Salvador Escandón, tenían en continua zozobra a los franceses.

Un día bajó una patrulla por allí, por el prado de Pando, y cogieron a Vicente de la Vega en su casa; le preguntaron si había por aquí soldados y él contestó negativamente.

Se dirigieron hacia Valle, y cuando iban llegando a la Rondiella, desde aquel castañar, nuestros guerrilleros les hicieron una descarga que les causó bajas..... los franceses volvieron a la Vega y dijeron a Vicente:

—¡Ah traidor!

Y le dispararon un tiro en el pecho del cual murió al siguiente día.....

De cuando en cuando venía la escuadra francesa a traerles provisiones, desembarcándolas en la playa del Visu y en la de la Isla; y una de las veces que desembarcaron en esta playa municiones de boca y guerra, se apoderaron de ellas los guerrilleros de Caravia y de Colunga, al frente de los cuales iba Escandón.

Una tarde, al pasar el puente de la Espasa la tropa enemiga, una guerrilla les hizo fuego desde la casa de la Sota, y como represalia los franceses quemaron dicha casa y un hórreo. Nos han hecho sufrir bastante pero ellos lo pasaron aquí muy mal.....»

Aquí terminó el viejo Cirbián su relato; el sol nos regalaba sus últimas caricias al ocultarse detrás de Carrandi; las vacas del anciano pacían a nuestro lado y el sonido de sus esquilones acompañaba el canto de los pájaros que revolaban alrededor de ellas.....

Fig. 53.—Casa-palacio del Iltmo. Sr. D. Manuel de Argüelles Argüelles, sita en Caravia la Alta.

Heráldica

Los tratadistas de heráldica y blasones no asignan escudo especial de armas al Municipio de Caravia; éste. puede usar en los timbres de su documentación oficial el escudo de la provincia (1). Pero en el concejo hay heráldica familiar; en los registros, nobiliarios, minuteros, reales cartas y documentos manuscritos como los padrones existentes en el archivo de la Audiencia de Oviedo, consta que están en posesión de escudo de armas las casas solariegas siguientes:

La de Cangas Vega, hoy de Argüelles; la de Valle, a la cual se unieron en el siglo pasado las casas solariegas de Frera, Roza, Llano y Ampudia; la de González Cutre, Peón, Rivas y Villar, Suero Díaz, Covián, Díaz Valdés, Río, Migoya, Balbín, González Prieto, Cutre, González Junco, de los Toyos, Arada, Pérez del Rivero y Díaz Covián.

---

(1) En la obra *Asturias,* tomo III, aparece Caravia con un escudo de armas apócrifo; y no es éste el único concejo para el cual se *inventaron* es cudos, porque en la misma obra aparecen otros Municipios que también recibieron el mismo *regalo.*

El Ilmo. Sr. D. Fermín Canella y Secades, como cronista de Asturias y director de aquella publicación, no debió—dicho sea con todas las consideraciones debidas—consentir semejantes fábulas, porqué, sobre ser impertinentes, contradicen las afirmaciones de su antecesor el venerable cronista Don Ciriaco Miguel Vigil, maestro en el arte del Blasón, que afirma de Caravia y de otros concejos de Asturias, que no tienen más escudo de armas que el de la provincia.

Por respeto a la verdad y por amor a la región, estamos seguros de que los futuros historiadores, cuando escriban la historia de Asturias, no han de tener en cuenta las genialidades del Sr. Canella, ya que los estudios modernos demuestran que las obras por él escritas, tratando de cosas de Asturias, tienen que ser rectificadas en bastantes puntos.

LABORES

EL MAÍZ

Cuando los exploradores españoles hicieron el descubrimiento de América, se encontraron en aquellas dilatadas regiones con una naturaleza espléndida y vigorosa. Entre la infinidad de producciones del reino vegetal que los españoles introdujeron en Europa, figura el maíz y la patata.

A fines del siglo xvi, en las fértiles vegas de Vizcaya, se cultivó por primera vez el maíz; y a principios del xvii ya se sembraba en gran escala en la parte baja de Asturias y no dejaría de mostrar su lozanía y verdor en las llosas de Caravia.

Se ha dicho que el maíz averiado ocasionaba una enfermedad endémica. El insigne doctor Casal, médico de Oviedo, desde el año 1717 al 1735, y después médico de cámara del Rey Felipe V, fué el primero que la descubrió y estudió, llamándola *mal de la rosa*. Más tarde, Sauvages, la clasificó entre las *lepras,* denominándola *lepra asturiensis.*

No han estado de acuerdo todos los autores sobre la etiología de este mal; dice el Doctor Abdón Sánchez Herrero (1), que la *pelagra* o *mal de la rosa* existe en comarcas en donde, ni se cosecha maíz, ni sus habitantes lo han tocado ni olido, ni acaso visto jamás; y que la *pelagra* no existe en las comarcas donde el maíz averiado forma parte principal de la alimentación de sus habitantes.

Y según este Doctor, «la alimentación parcial o total por el maíz sano o enfermo, no es la causa de la enfermedad descubierta por D. Gaspar Casal».

En Caravia no se ha conocido el *mal de la rosa* a pesar de alimentarse con pan de maíz la mayor parte de sus habitantes.

---

(1)   *Curso de medicina interna.* Tomo II.—Madrid, 1899.

Existieron, sí, en este concejo, algunas enfermedades cutáneas; cuando íbamos a la escuela, hacia el año 1883, abundaba entre algunos niños la sarna y la tiña, pero debido a los adelantos de la higiene han desaparecido estas enfermedades.....

Antes de la importación del maíz, en Asturias, había toda clase de pan. Un escritor geógrafo, el autor de la primera parte del *Cronicón Albeldense,* escrita después del año 883 de Jesucristo, hace una relación de las cosas que más se celebraban en la España visigoda, y entre ellas, cita el trigo de los Campos góticos y la escanda de Asturias.

Además del trigo-escanda había mijo, panizo, cebada, y en las sierras y cuestas se cogían abundantes cosechas de avena y de centeno.

Y a propósito de la abundancia o escasez de pan, todavía se recuerda en Caravia esta antiquísima copla:

> Yo casar bien me casara,
> pero el resultado temo,
> andar con un saco al hombro
> preguntando si hay centeno.

La siembra, el sallu...

Después de binar y de *rastrar* la tierra, se siembra el maíz y las judías a riego o al voleo. Por los caminos que afluyen a las erías avanzan las yuntas llevando la cabeza del arado enganchada sobre el yugo y el timón a rastras; éste va trazando a lo largo del camino una línea ondulada, y al lado de las yuntas van los labradores con la *guiyada* en la mano; las rapazas y los rapaces llevan un cesto con el maíz que se ha de sembrar (Fig. 54).

La época de la siembra está señalada por este refrán:

> La última semana de Abril
> y la primera de Mayu,
> es la mejor sementera del añu.

Cuando la planta alcanza la altura de unos veinte centímetros se *salla;* en esta labor, hombres y mujeres muy de mañana, empie-

Fig. 54.—Un vecino de Duyos preparándose para ir a sembrar maíz.

zan la *estaya;* el guía va cortando el tajo y poco a poco se llenan de animación y de grandeza las erías y las llosas con el sonido de las campanillas y de los rústicos cencerros de las vacas que pacen en las laderas cercanas, el mugir de los becerros, el rechinar de los carros del país que caminan hacia las tierras de cultivo, el canto del cuco en los bosques vecinos, las voces de los rapaces en la *llende,* los dulces balidos de las ovejas que suben por el castañar de los *Juacos,* el aroma de las plantas y de las flores, y las intencionadas canciones del *sallu* que las mozas entonan alegremente al mismo tiempo que se inclinan y se enderezan con movimientos acompasados:

> En sallando y arrandando
> y en mayando los terrones,
> anda, galán, pa la siega
> aunque nunca tú acá tornes.

Si los mozos que hay en la *estaya* callan, desde la finca vecina suele venir la contestación:

> Coloradina y guapina,
> arrímate a la fesoria,
> que tu padre ya non puede
> mantenete de señora.

Y entre canción y canción el trabajo avanza; de cuando en cuando, los *salladores* páranse fatigados apoyando el cuerpo sobre la azada; y cuando la *estaya* toca a su fin, ellas se burlan de ellos cantando:

> Los mozos de aquesta andecha
> vienen a non valir nada,
> por que nin canten, nin riflen,
> nin salen a la cuayada.

En toda labor por *estaya* gana la *cuayada* quien primero sale del tajo, y a medida que los *salladores* van saliendo de aquél, se sientan bajo la sombra de los cerezales, que por lo general circundan casi todas las fincas. Después de refrescar la boca con cerezas vuelven otra vez a la faena hasta que termina el día; el sol que se alzara detrás del pico de la Forquita ha salvado el Sueve, encaminándose hacia la Rasa de Luces, tras de la cual se oculta todas las tardes en los días de verano.

Es la hora en que el ganado vuelve de los pastos al establo, y los pájaros dejaron de cantar; las campanas de nuestras dos iglesias suenan lentamente y el eco melancólico del *Angelus* atraviesa la escalonada floresta y se extiende en el aire tibio y perfumado que flota sobre los campos; el labrador párase silencioso, descúbrese y

Fig. 55.—*Arrandando el maíz en la llosa de Valle.*

reza; las *salladoras* tornan a sus casas, dando vida y alegría a los campos con las canciones del país, tan hermosas y variadas como dulces y sabrosas en los labios de las caravienses cuando ponen en ellas toda su pasión para cantar:

> Mi novio es alto y buen mozo,
> gasta montera morada,
> y no conocen mis padres
> que yo vivo enamorada.

Desde los acantilados de la costa hasta las estribaciones del Fito y del Sueve, los maizales parecen un mar verdoso, en que el menor soplo de la brisa forma olas de esmeralda.....

El maíz se desarrolla espléndidamente y por sus tallos trepan las plantas de las judías, formando con sus hojas acorazonadas y los grupos de flores blancas hermosos cortinajes resguardados de los rayos del sol por las hojas del maíz; y por bajo de aquel intrincado tejido arrastra su tallo peludo la planta calabacera, elevando al cielo sus flores amarillas para que las acaricie el sol y no puede conseguirlo.....

Mientras llega la época de que el maíz espigue o broten sus flores terminales, la gente se dedica a la fatigosa tarea de recoger la hierba y el trigo; al acabar de *arrandar* (1), las mozas recuerdan a los mozos el cambio de faena, entonando esta copla:

> Jura el galán y promete
> que dentro de esta semana,
> va empezar a cabruñar
> el guadañu y la guadaña.

Y aprovechando la *rosada* de la mañana, al *riscar* el alba, comienzan los segadores a segar la hierba; detrás de ellos van las rapazas *esberenando* el *marañu*, y de cuando en cuando animan a los hombres con canciones, así:

> Segador, que estás segando,
> debajo de la borrina,
> si non corta la guadaña
> saca la piedra y afila.

En acabando de segar la hierba, hombres y mujeres, con unas *mesories* arrancan las doradas espigas de trigo y las echan en maconas.....

Ya está la hierba empaquetada en las tenadas y las espigas de

---

(1) Al vecino que no haya terminado de *sallar,* la noche de San Juan le ponen los mozos en el maizal un pelele con una *fesoria* en actitud de estar *sallando;* esto quiere decir que el dueño del maíz es poco trabajador y que tiene necesidad de ayuda ajena.

Fig. 56.—Segando hierba a la orilla del mar, en Faces. En el fondo, el puerto Sueve.

trigo fueron *garrotiadas* en la era; y el grano, después de aventado para quitarle el polvo y las granzas, fué recogido en los hórreos.....

Ha llegado el otoño; ya no bailan las mariposas sobre las flores de los prados; las hojas de maíz penden marchitas del tronco que les dió vida, para dejar al descubierto el amarillo fruto que asoma discretamente por entre las barbas de la mazorca.....

Con la *segota* cortan los labradores el maíz y lo colocan en gavillas para que vaya secando mientras recogen la manzana, que, entre las hojas de las ramas forman caprichosas piñas matizadas de rojo y blanco; ya lo dice el cantar:

> Colorada es la manzana
> del lado que le dá el sol,
> del lado que no le dá
> blanca tiene la color.

Durante la recolección de esta fruta, la juventud entona canciones de invitación:

> Si quieres manzanas buenas
> vénte a la mi pomarada,
> las cogerás de raneta,
> piconas y coloradas.

Y puestas en rimeros sobre la alfombra del prado, brillando como ascuas de oro, están las dulces pomas dispuestas para ser transportadas al lagar donde sometidas a la presión despiden a borbotones la espumosa sidra.....

Al coger las mazorcas se cogen también las judías (a las que llamamos *fabes);* las hay de todas clases y tamaños: *raxones,* del *güeyu, pintes,* del *cura,* largas, redondas, grandes y pequeñas.

La planta del maíz se aprovecha toda; las hojas secas sirven de cebo para el ganado; los tallos para *estru;* las hojas de la mazorca para mullir el lecho; después de desgranar el maíz, los *tarucos* sirven de combustible, y en quitando las mazorcas de las ristras, éstas sirven para hacer los *riestros.*

Al tiempo de recoger el maíz se paga el trabajo de las *salladoras* con un *paxu* de mazorcas, tan grande como sus fuerzas les permitan llevar sobre la cabeza; los días que van a *sallar* se les da el alimento, y como van a trabajar a bastantes casas, reúnen cierta cantidad de maíz para comer en el invierno.

La esvilla

El maíz está apilado en el *estragal* hasta que llega el día de la *esvilla;* entretanto, los hombres *dímen* las castañas, las mujeres

Fig. 57.—*Garrotiando* trigo en la Bragada (Caravia la Alta). En el fondo, el valle de Colunga.

recogen los *oricios* y los colocan en el *güertu* o en la *parra*. Y alguna moza suele oir esta canción que le dirige un joven desde la copa de un castaño, acompañada de los golpes de pértiga:

> Las castañas son castañas,
> los oricios son oricios;
> los ojos de la tu cara
> para mí fueron hechizos.

..... Ha comenzado la *esvilla* del maíz; los *esvilladores* se sientan en el suelo y van quitando las hojas de la mazorca, excepto tres o cuatro qne dejan para poder enristrarla. El enristrador, sentado sobre la pila del maíz, recibe de manos de un muchacho la mazorca y la engarza en la ristra; las mozas suelen tirar *panoyes* a los enristradores, y éstos contestan con la siguiente copla:

> Al comienzo de la esvilla
> no me tires panoyaes,
> que estoy faciendo la riestra
> tengo les manes ataes.

Ocurren cosas muy divertidas cuando al sacar la ristra de la pila se rompe; entonces, el enristrador tiene que aguantar la zumba de los *esvilladores.*

En terminando la *esvilla* empieza el reparto de la *garulla,* consistente en manzanas, nueces, castañas, peras, sidra y tabaco; no hay nada más divertido que una *esvilla;* los cuentos y las canciones hacen que el tiempo pase sin sentirlo. Y cuando los mozos se dirigen a las mozas para quitarles la *garulla* que ellas han recibido en el mandil, ¡qué manera de luchar sobre la hoja del maíz y cuántas bofetadas reciben los mozos de parte de ellas.....!

El Licenciado D. Antonio González Reguera, inspirado poeta del siglo XVII, en su *Píramo* y *Tisbe,* describe el final de una *esvilla,* diciendo:

> «—La postrer nuiche ya d'Octubre yera
> Y acabóse temprano la esfoyaza,
> La xente veladora y placentera
> De comer la garrulla daba traza:
> Habia de figos una goxa entera,
> Peres del fornu gaxos de fogaza.
> Y tizaben el fuevu con tarucos
> Fartos de reblincar los rapazucos.
>
> . . . .
>
> Les moces a los mozos purrin peres,
> Y desque la barriga fartucanon,
> Tabaquiaben les vieyes a los vieyos,
> Y los mozos armaron sos traveyos.»

Y cuando las personas ancianas empiezan a dormirse, y los jóvenes están rendidos de tanto bailar, el dueño de la casa ordena que haya silencio, y formando todos corro alrededor de él, rezan el Padre nuestro y se despiden unos de otros hasta el próximo año.

Al día siguiente, los dueños del maíz cuelgan las ristras del corredor o del hórreo. Hay una copla que dice:

> Qué bien parece el maíz
> esvillado y enriestrado,
> amarillo como el oro
> y de los hórreos colgado.

El molino

Hubo en la antigüedad tres molinos al pie de la falda del puerto de Sueve, en Piedra Llana; si bien existen hoy algunos restos de sus obras de fábrica, nadie recuerda cuándo dejaron de funcionar aquellos artefactos.....

Los que hoy existen (tres en Taque y cuatro en la Coyedera) ocupan una situación pintoresca en la cañada umbria; su construcción es antiquísima, las *monxeques* y los *banzales* están hechos de troncos de árboles; los *frayones* y las muelas no pueden ser de construcción más rudimentaria. Por el hueco abierto en la pared vemos a los rodeznos girar y batir el agua que los impulsa, formando remolinos de blanca espuma.

Se lleva el maíz al molino en *follicos,* sacos y cestas; los molineros cobran por cada copín de maíz que muelen una maquila, y pagan de alquiler al propietario del artefacto dos copines de maíz cada semana y cinco pesetas mensuales; algunos propietarios cobran la tercera parte de todo lo que maquila el molinero.

Veinte maquilas hacen un copín, y maquilando a conciencia, los molineros no ganan mucho; pero alrededor del molino se crían buenos cerdos, en los remansos del río se chapuzan hermosos patos, y bajo la arboleda, un arrogante gallo luce su plumaje lustroso en medio de un corro de gallinas; toda esta hacienda pertenece al molinero.

Algunas veces, la harina cabe en el saco sin necesidad de usar el atacador, y el molinero echa la culpa al maíz, diciendo que no aproveció porque *estaba algo verde*. Por eso los molineros oyen canciones como ésta:

La molinera trilla, trilla,
la molinera trillará;
la molinera del molino,
¡qué bien cuidadita está!

Fig. 58.—Molino de Taque (Caravia la Baja).

Y hay quien al marchar del molino con el *follicu* flojo, va cantando castañedo arriba:

La molinera trae corales
y el molinero corbatín,
yo no sé cómo da para tanto
la tarabica del molín.

En el molino se reunían por la noche las mozas y los mozos cuando iban a buscar la molienda; y mientras la oscilante *tarabica* movía el *cuernu* para que cayera el grano sobre el *frayón*, y la muela giraba y despedía la blanca harina por medio de la fuerza centrífuga, y todo aquel armatoste trepidaba, los jóvenes cantaban al son de los molares:

> Vente conmigo a la fuente
> que está detrás del molino,
> y al son del agua que corre
> háblame de tu cariño.

Y más de una vez hemos visto a una muchacha de singular belleza arrimada al *banzal* en graciosa postura; sus labios, coloreados como la flor de granado, se animaban de ondulaciones infinitas, al reirse de la turbación de un rapaz que tímidamente le decía amores arrullados por el ruido de aquella confusa batahola.....

Y que antiguamente se pelaba la pava en los molinos, lo dice esta copla:

> Montera de terciopelo
> ya la llevas acabada,
> por ir de noche al molino
> y volver a la mañana.

y esta otra:

> Estoy ronco arronquecido,
> arronquecí en el molino,
> no sé si fué la parola
> si el serenito del río.

La harina de maíz

En el período neolítico, cuando con los cereales no fabricaba pan el hombre, se alimentaba de harina cocida en vasijas de barro; este procedimiento de nutrición subsiste hoy, puesto que con harina de maíz, mezclada con agua y sal, y cociéndola después en un puchero de barro o en una caldera, resulta una pasta que se llama *farrapes*.

El pan de maíz *(borona)* se cuece sin fermentar, sobre una teja curva, sobre una llábana de arenisca, en el horno y en el llar; la que se cuece encima de los dos primeros elementos se llama *rosca*. Y todavia hoy se cuece la *borona* en el llar, envolviéndola en hojas de berza, de helecho o de castaño, y se cubre con rescoldo y ceniza, igual que se hacía en los tiempos remotos para cocer el pan *subcinericio*.....

Cuando los mozos van o vuelven de cortejar, suelen aludir al matrimonio, entonando una copla de sentimientos contrarios á la que entonaban aquellos jóvenes de la época, en que se alimentaban con pan de centeno:

> Tengo de casarme este año
> aunque haya poca borona;
> la que se case conmigo,
> si ha de comer que no coma.

El lino

En un trozo de terreno laborado con el arado y el *rastru,* el mes de Octubre, se siembra la linaza al voleo; a los pocos días de germinar la planta se *rastra* la tierra, y de tiempo en tiempo se destruyen todas las hierbas inútiles que nacen en el linar. Alcanza la planta su altura y entre las hojas de su tallo ramoso, brotan lindas flores de pétalos azules y se forman las cajitas que encierran en cada una de sus diez celdillas una semilla plana y brillante; y al doblarse y mecerse los tallos al peso de su riqueza y a los soplos de la brisa, chocan las cajitas unas contra otras y se agita cada semilla en su celda produciendo ligeros sonidos como si se movieran suavemente millones de sonajeros a un tiempo.

Y al estar la planta sazonada (en el mes de Mayo) se arranca con las manos y se hacen manojos que se ponen a curar colgados del hórreo o del corredor, y allí acuden infinidad de pajarillos a buscar alimento y material para fabricar sus nidos en la fronda cercana, mientras que el alborotador gorrión encuentra más cómodo el construir su casa en los mismos manojos. Y entre este ir y volver de los pájaros, el olor del lino, y la contemplación de las abejas que llegaban cargadas de polen a las colmenas que hay sobre los *pegollos* del hórreo, hemos pasado horas inolvidables.

Después que el lino está curado, se *debaga;* y aquí de la diversión de los niños saltando descalzos sobre la *ponxa* y la linaza. Para que el lino fermente, se coloca en un remanso del río donde le dé el sol, y se cubre con piedras para que no lo lleve la corriente; si el tiempo no está frío son suficientes seis u ocho días para la fermentación.

A sacarlo del río acuden las jóvenes, y metidas en el remanso hasta media pierna, con los brazos desnudos chapotean el agua al querer coger alguna trucha que huye ante ellas, y entre risas y cantares alegran la ribera mientras lavan los manojos y los ponen abiertos al sol para que se sequen. Después de secos se machacan sobre un *tayu* o sobre una piedra a golpes de *machica,* y enseguida, se someten al calor del *fornu* para que al tiempo de *espadarlos* suelten mejor el tasco.

Se espadan uno a uno sobre un caballete de madera. ¡Qué figura más arrogante y simpática, la de la moza que sentada sobre una *tayuela,* el busto erguido, y cantando alegremente, y a golpes de una *espada* inofensiva, hace que aparezcan los filamentos que han de servir más tarde para labrar hermosa tela!.

Después que el manojo está *espadado* y convertido en filamento, toma el nombre de *cerra* y doce *cerres* pesan proximamente una libra, resultando una cosecha de tantas libras como docenas de manojos se hayan recogido en el linar.

Se *restiella* la *cerra* haciéndola pasar sobre los dientes del rastrillo hasta clasificarla en tres clases de filamentos; al primero que queda en las púas del rastrillo se llama *puntines;* lo que queda en la segunda pasada se llama *mediana,* y lo que queda en la mano después de las dos clasificaciones, se llama cerro, del cual se fabrica el lienzo fino. También el tasco se aprovecha; machacándolo y *espadándolo* pero sin pasarlo por la *restiella,* se obtiene un filamento muy burdo que llaman *puntones.*

Ya tenemos el filamento clasificado y retorcido en forma de coletas, esperando que llegue el invierno y se terminen las *esvillas,* para que la mujer,

A Diana semejante cuando lleva
La rueca de oro fino.....

como dice Homero, dedique las veladas a sacar hilos de los rizados copos que coronan su rueca.

La fila

Después de colgar las doradas ristras de maíz en el sitio que ocuparon los manojos del lino, entra para las mujeres la tarea de *filar*. La *fila* es el sitio donde se reúnen casi todas las vecinas en las largas noches del invierno; sentadas sobre *tayueles* y *riestros* con la rueca en la cintura, y la *rocada* sujeta con el adornado *roqueru* de paño, van *mesando* el *cerru* poco a poco con los dedos de la mano izquierda, mientras que con los de la derecha voltean el *fusu* que retuerce el naciente hilo y lo envuelve a su rededor hasta completar la *mazorga*.

Se oye el *riflar* de los mozos que se acercan a la *fila;* las jóvenes les ofrecen sus asientos; y mientras el *fusu* gira, y gira entre los dedos de la joven, el galán le habla de amores; algunos grupos cortejan en verso, y a veces, la moza que no está emparejada *mesa* el *cerru* nerviosamente y canta esta copla:

> Galán que estás en la fila
> siéntate en medio del corro,
> repara la que bien fila
> que la rueca es un tesoro.

o esta otra:

> Con la rueca y con el fusu
> yo me gano mi dinero;
> poco se gana filando,
> menos se gana durmiendo.

y alguna vieja burlona canta al compás del movimiento del huso con cierto retintín:

> Filandango me voy
> filandango me vengo,
> filandango me voy
> en la rueca le tengo.

A las dos coplas anteriores contesta otra moza:

Fig. 59.—Reconstitución de algunas labores del lino, en Duyos (Caravia la Baja). De izquierda a derecha: hilandera; convirtiendo las *mazorgas* en *cadexos*; espadando; rastrillando.

Con la rueca en la cintura,
Ana está dale que dale,
y nunca pudo filar
la camisa de su padre.

Y en momento oportuno salía a relucir el caso de un chico muy aturdido que iba a Caravia a cortejar a una moza que improvisaba coplas que era una maravilla, pero le daba el sueño al lado de su novio; éste contó el caso a su madre y como primer remedio le aconsejó:—cuando estés en la *fila* al lado de tu novia y veas que se duerme, le dirás al oído una copla que yo te enseñaré. El joven, se marchó a la *fila* y en cuanto vió que a su novia le daba el sueño, le dice:

> Árbol de mi esperanza
> mantente firme,
> que a mí sólo la muerte
> podrá rendirme.

y la chica contestó rápidamente:

> Árbol de mi esperanza,
> dáme tu sombra,
> porque ya tengo un sueño
> que me trastorna.

Como el novio no sabía más coplas ni podía improvisarlas, se fué todo corrido.

Y así pasábamos la velada; las viejas, contando cuentos de *xanes* y leyendas de moros, o de reinas que hilaban, y de princesas que al estar lavando la ropa en la fuente cristalina fueron encantadas; también contaban cuentos de *miedos,* de la aparición de fantasmas, de la *Güestia,* del *Diablo Burlón* y otros que nos ponían los pelos de punta, como vulgarmente se dice, sin que faltaran narraciones de luchas que habían sostenido algunos mozos con los lobos.

Los sábados se hilaba poco, pero en cambio se bailaba mucho al son del pandero; las mozas ofrecían a los mozos castañas y nueces, y entre todos contribuíamos semanalmente con una modestísima cantidad para pagar el alumbrado de la *fila.*

Después de terminar de hilar, en una aspa o rueda, las *mazorgas* se convierten en *cadexos,* y éstos se ponen cinco o seis veces en la colada para blanquearlos, y luego se devanan en el *argadiellu.....*

Ya se terminó la tarea; ya están los ovillos devanados y en disposición de llevarlos al telar.....

De la tela más fina obtenida se hacían sábanas, camisas y cal-zoncillos, mientras que de la más áspera, hacían sacos para llevar maíz al molino, el *sábanu* para la mortaja, calzones que se teñían con campeche y caparrosa, o con el jugo de cortezas de aliso y de nogal, y sayas con un injerto fino por la parte de abajo (la *guirindola)* para evitar el rozamiento de la áspera tela contra las piernas desnudas de las mozas. También las caravienses tejían mandiles de lana negra y lino fino, combinando los hilos de manera que resultaba un mandil muy original: el mandil de *llana* y *llinu.*

Ha sido notable en otros tiempos la feria del lino, en Camoca, concejo de Villaviciosa; a esa feria acudían las gentes de Castilla a vender cerro y todavía hoy se hacen regulares transacciones. Y en este concejo, no se perdió, como en casi toda Asturias, la costumbre de cultivar el lino; estos años lo cultivaron en gran abundancia pues debido a la guerra europea, alcanzaron elevados precios en el comercio las telas de procedencia fabril. También en el concejo de Oviedo se hila algo todavía; y en algunos pueblos cercanos a la capital, la *fila* fué sustituída por otras labores tales como hacer puntilla, etc.

El cáñamo, que también se cultivaba en Caravia, necesita las mismas operaciones que el lino, pero lleva mucho tiempo el hilarlo; esto nos hace recordar el cantar de,

> —Úrsula, qué estás haciendo?
> —Señora, yo estoy hilando
>   Con una rueca y un huso
>   Cáñamo, cáñamo, cáñamo.

Esta tela es muy áspera y morena; el cáñamo no se hilaba, se empleaba mezclado con cerdas para fabricar cuerdas, operación que hacían los gallegos que iban por el pueblo en cierta época del año.

En Caravia hace más de quince años que no se siembra lino; las mozas ya no van a la fila a lucir sus habilidades volteando el *fusu* y cortejando en verso..... ni sacan de las arconas talladas, camisas de lienzo casero, olientes a membrillo.....

Sí, hermosas caravienses; nada más cierto que las reinas hilaban; cuando a «aquel cruel Ulises» (como le llama Virgilio en el libro segundo de la *Eneida),* la princesa Nausicaa, hermosa como Diana, le guiaba por el interior de su espléndido palacio le dijo:

—Cruza sin detenerte una gran sala
Hasta que al cabo encuentres a mi madre
Ante el hogar que la ilumina el rostro.
Ella se está arrimada a una columna
Hilando, con asombro de la vista
Una lana purpúrea; sus siervas
Detrás están sentadas..... (1).

Y el hijo del rey de Itaca, dijo a su madre, Penélope, reina que principió un velo, largo, sutil, en sus telares:

—Sube a tu habitación, y cuida sólo
De cosas mujeriles, de la rueca,
Del telar y de hacer que a sus trabajos
Acudan tus mujeres (2).

La reina Elena, a quien los griegos llamaban Eco porque imitaba la voz de todas las mujeres a poco que las oyera hablar, hacía trabajos maravillosos; cuando Iris fué a darle un aviso, referente a los campeones que por ella luchaban,

«en su palacio
tejiendo la encontró cándida tela
doble y ancha, en la cual entretejía
muchos de los combates que los Teucros
y Aquivos por su causa sostuvieron
en la guerra cruel.» (3).

Y esta reina, noble y hermosa cual ninguna, en compañía de su esposo Menelao sacó de una cámara perfumada riquísimos velos

---

(1) *La Odisea.* Traducida directamente del griego en verso castellano por D. Federico Baraibar y Zumárraga, tomo I, libro sexto, pág. 156.—Madrid, 1912.

(2) *La Odisea.* Traducción de Baraibar, tomo II, libro vigésimoprimero, pág. 230.—Madrid, 1912.

(3) *La Iliada.* Traducida del griego al castellano por D. José Gómez Hermosilla, tomo I, libro III, pág. 81.—Madrid, 1907.

fabricados por ella, y acercándose al joven Telémaco con un velo
en las manos le dijo:

> —Hijo querido, toma de mi parte
> También este regalo, por recuerdo
> Del trabajo de Elena, a fin de que el día
> De las ansiadas nupcias, se lo ofrezcas
> A tu mujer (1).

Antiguamente, en Asturias, las señoras principales hilaban.
Y los cuentos de princesas que lavaban sus ropas, son sacados de
la realidad. La hija de Alcinoo y de Arete, reyes de los Feacios, la
princesa citada, Nausicaa, que tenía en su palacio cincuenta damas
nobles hilanderas, para ir a lavar, un día, pidió permiso a su padre
de esta manera:

> —¿No podrías
> Ordenar que me den un alto carro
> De ruedas muy veloces, en que pueda
> Ir al río a lavar las bellas ropas
> Que he ensuciado y tengo separadas?
> Tu también necesitas limpias túnicas
> Para cuando celebres tu consejo
> Con nobles principales. A más tienes
> Cinco queridos hijos; dos casados
> Pero otros tres solteros, y muy mozos,
> Que al baile con vestidos recién limpios
> Quieren siempre acudir. Y a cuenta mía
> Están éstos cuidados, como sabes (2).

¡Qué hermoso es esto! ¡Con qué delicadeza se ocupaba la prin-
cesita del cuidado de la ropa de su padre y de la de sus hermanos!
Dice Fray Luis de León, en *La Perfecta Casada,* pág. 95:

«Buscó lana y lino, y obró con el saber de sus manos.

»No dijo que el marido le compró lana para que ella lo labrase,
sino que ella lo buscó.»

----

(1) *La Odisea.* Traducción de Baraibar, tomo II, libro décimocuarto,
pág. 59.—Madrid, 1912.

(2) *La Odisea.* Traducción de Baraibar, tomo I, libro IV, pág. 77.—Madrid, 1912.

Plutarco dice que en Roma, cuando se casaban las mujeres, por elevada que fuera su posición social, al llevarlas los maridos a sus casas, lo primero que encontraban al pasar el umbral de la puerta era la rueca. Y no necesitamos remontarnos a la edad Homérica, ni salir de España para buscar ejemplos, porque los tenemos en la virtuosa reina Isabel la Católica que hilaba las camisas de su amado esposo.

En Caravia, cuando un mozo cortejaba a una chica que no sabía hilar, se le tenía por un *Juan Lanas,* y los jóvenes de ambos sexos la mortificaban con esta canción:

> Cásate con ella, *Xuan,*
> que es muy buena *filadora;*
> cada noche, *fila* un *filu,*
> cada mes, una *mazorga.*

Canciones de trabajo rítmico

Lo mismo en *bable* que en castellano, las canciones de trabajo rítmico abundan poco debido a lo fatigosas que son la mayor parte de las labores agrícolas.

Los segadores, al ir unos tras de otros segando en los prados, la guadaña, al cortar la hierba, produce sonidos de *distinta intensidad y diversa duración,* ocurriendo lo propio con los golpes del mazo al machacar la manzana en la *desca,* el *garrotiar* el trigo en la era y aventar el grano, los golpes de hacha del leñador, el movimiento del peine del telar y el de la lanzadera, el *cabruñar* la guadaña, el fregar con arena los aros de la herrada, la ordeña de las vacas, el mazado de la leche, etc.

El segador, por causa de la fatiga que le produce el segar, no puede acompañar el sonido de la guadaña con canciones; por la misma razón tampoco puede cantar el que *garrotia* trigo, ni el que machaca manzanas; el leñador, al dar los golpes de hacha, señala su esfuerzo máximo emitiendo un sonido gutural: ¡Ejem! ¡ejem!

Las labores arrítmicas, como el *sallu* y otras, son amenizadas con canciones de acompañamiento en la forma que hemos descrito.

En muchos países se emplea la música para acompañar la marcha rítmica del trabajo; en los pueblos de Oriente de África, los trabajadores «tienen un gran placer en la armonía. Cantan constantemente mientras trabajan. Y si no cantan trabajan poco» (1).

Dice Plutarco que a los griegos les agradaba mucho trabajar al son de una flauta. Y Homero nos presenta a la diosa Circe cantando dulcemente dentro de su morada mientras teje una tela primorosa; y en otro pasaje, al hablar de la vendimia, dice que mientras mancebos y doncellas llevaban las uvas al lagar en canastos de mimbre, un muchacho

«tañía dulcemente la cítara sonora.»

Las canciones alivian y estimulan el trabajo. Cuando la tejedora entrelaza y ceruza el hilo haciendo saltar la lanzadera de una a otra mano, el galán canta al compás del peine del telar:

> Texedora, tu telar
> de oro tién la lanzadera;
> quien la pudiera robar
> y el telar, y a ti con ella.

Al *mecer* o hacer la ordeña, el chorro de la leche produce un sonido acompasado al caer en la vasija, y a medida que ésta se llena del líquido espumeante, el que *mece,* acaricia a la vaca suavemente y canta muy quedo:

> ¡Dalo, vaquina, dalo,
> dame la llechi nueva;
> dalo, vaquina, dalo,
> quiero facer mantega.

Y para mazar la leche la ponen en un puchero y después de taparle la boca con un trozo de vejiga, la mueven y golpean sobre las rodillas acompañando el movimiento rítmico con esta canción:

____

(1) *Trabajo y Ritmo,* por K. Bücher, traducción directa del alemán de J. Pérez Bances, pág. 36.—Madrid, 1914.

> Mázate llechi
> de vaca de Sueve
> y faite mantega
> más blanca que nieve.

y con esta otra:

> Mázate mantega
> de Baldeburón,
> primero te como
> que vuelvas al zurrón.

Las muchachas de Caravia, cuando van por agua a la fuente,

Fig. 60.—Mozas de Valle, fregando las herradas en la fuente de la Vega.

cantan al compás del sonido que produce el fregar con arena los hierros de la herrada:

> Los corales de estos fierros
> se burlan de la caldera,
> porque la quieren nublar
> el sábado na espetera (1).

____

(1) En Caravia llaman *corales* a los círculos de óxido que aparecen en los aros de las herradas; y como las calderas son de cobre, no quieren las

Las lavanderas, en el río, al restregar y golpear la ropa contra la piedra cantan:

> La camisa de llinu
> la tengo de blanquear
> a fuerza de agua y puños,
> tan, tararán, tan, tan.

Cuando hay en una *estaya* personas que cantan, los trabajadores sienten menos fatiga y trabajan más que cuando no hay quien entone canciones; por eso se procura buscar una moza que cante bien aunque trabaje poco; ya lo dice la copla:

> Ni una montera de espigues
> amesoria Rita Juan;
> la llamen a les andeches
> porque se presta a cantar.

---

muchachas, que los sábados, día en que los mozos van a cortejarlas, vean que por falta de limpieza los *corales* resaltan sobre el brillo metálico de las calderas.

FOLK-LORE

MITOS Y SUPERSTICIONES [1]

Entre los entes mitológicos que desfilaron por Caravia y sus aledaños, dando motivo a hermosos cuentos, figura el *Diablo Burlón,* conocido en Inglaterra y en Flandes con el nombre de *Klabber.*

Este *diablillo* casero, espíritu familiar, de figura diminuta y simpática, lo mismo revuelve cuanto hay en una casa que lo pone todo en orden, viste blusa de bayeta colorada y cubre su cabecita con un gorro de dicho color, sin que nadie se haya fijado si gasta o no pantalones y si anda calzado o descalzo.

En las noches de invierno penetra en las casas cuando los moradores están durmiendo, y después de calentar sus entumecidos miembros al calor del rescoldo de la *fornica,* se entretiene en hacer labores domésticas, pero si está de mal humor rompe cuanto hay en el *escudillero* y en la espetera, revuelve la ropa que está en las arcas, saca el ganado del establo y lo lleva al abrevadero, dando voces y gritos que espantan a las reses.

Después se va al río a lavar las *melenas* que cubren la cabeza de las vacas cuando están uncidas, y restregando fuertemente las negras pieles contra una piedra, canta:

---

(1)   En nuestra juventud hemos vivido este ambiente; en las consejas del invierno, al amor de la lumbre, en las erías, en las montañas, y en los campos, en las *esvillas* y en la *fila,* hemos aprendido hermosas canciones, cuentos del *Diablo Burlón,* del *Nuberu* y demás entes mitológicos.....

Y después que escribimos el Folk-lore, según dijimos en el Prólogo, leímos nuestras cuartillas a los ancianos caravienses, los cuales quedaron conformes en que nuestros escritos se ajustan a la tradición en toda su pureza.

> Aunque gaste más jabón
> que hay de Madrid a Valencia,
> no se me ha de poner blanco
> este pellejo o pelleja.

El *duende* o *trasgo* (que también se llama así) no ha estado más que en dos casas de Caravia la Baja y en una de Caravia la Alta. Y cuentan en el pueblo, que de Caravia la Baja fué expulsado por Ramón Caveda (el *Poquín),* para lo cual empleó el procedimiento de esparcir por las casas cierta cantidad de linaza. Cuando el *Burlón* está de buen humor, gusta de recoger todo cuanto de valor hay en el suelo, pero como la linaza es tan diminuta, no puede recogerla porque le cae por un agujero que tiene en la palma de la mano, y entonces se marcha avergonzado para no volver.....

¡Birle a la izquierda!

Hay en Caravia la Alta, cerca de un espeso robledal, una casona antiquísima: el palacio de San Lorenzo, en el cual se había instalado definitivamente el *Diablo Burlón;* allí nadie podía dormir; las vacas andaban sueltas por el establo corneando los pesebres; las gallinas alborotaban el gallinero, y en el desván se oía gran ruido producido por las carreras y saltos del gracioso enano.

Determinaron algunos mozos del concejo ir a pasar una noche al vetusto caserón para ver si atrapaban al *diablillo;* al poco tiempo de llegar oyeron pasos en el desván y una voz que decia:

—¡*Birle* a la izquierda! ¡Já, já, já! ¡Cuatrada! ¡Vale!

—Está jugando a los bolos—dicen los mozos—; vamos ir a preguntarle si quiere que echemos una partida con él.

Ninguno se atrevía a subir; estaba en la reunión un mozo que hacía pocos días que había regresado de servir al rey; en estos casos, y lo mismo cuando se presenta la *Güestia* o un aparecido, siempre dicen que da la cara uno que fué a servir al rey; esto demuestra el gran concepto que aquí se tiene del valor del soldado.

Cogió el mozo una luz y un palo de porra y se dirigió al desván; apenas llegó le apagaron el candil, se derrumbaron los bolos con estrépito, y en uno de los robles cercanos se oyó que decían:

—¡Cuatrada! ¡Vale! ¡Já, já, já!

El mozo quedó asombrado y fuera de sí; le ocurrió algo parecido a lo del célebre Villarroel, cuando estando en Madrid le suplicó la Condesa de los Arcos que fuera a su palacio para ver si le podía echar de allí a un *duende* que la tenía atemorizada (1).

Continuaron en San Lorenzo las diversiones *diablescas,* hasta que una pobre, encarándose con el célebre personaje, una noche en la tenada le dijo:

—¡Recoge esto del suelo!

Y le arrojó a la cara medio copín de linaza. Desde entonces acá no volvió a poner los pies el *Diablo Burlón* en la vetusta casona de San Lorenzo.

¡Ux, que me quemé!

Vivía en Duyos un matrimonio sin hijos; en las noches de invierno, después de tomar la cena, el marido, se iba a *conceyar* a casa de un vecino y mientras tanto, la mujer amasaba una torta y la ponía a cocer en el llar; durante la cocedura de la pasta, la buena mujer acurrucábase sobre un *riestro* y comenzaba a hilar dorados copos de lino.....

Cuando la torta estaba en su punto de cocción, el diablillo, que estaba en la *cuña* esperando este momento, bajaba por las *calamiyeres,* cogía la torta y se iba por el camino que había traído diciendo:

—¡Já, já, já, que te la pegué!

Y esto ocurría una y otra noche sin que la mujer se atreviera a decirle nada al bromista; pero una vez, se puso de acuerdo con su marido para que éste se quedara hilando, vestido con la ropa de su esposa, y poner una piedra en el llar en vez de una torta.

A la hora acostumbrada se asomó el *Diablo Burlón* a la baranda de la *cuña* y quedó sorprendido al ver que la hilandera tenía barba. Sin atreverse a bajar, como otras veces, dijo ahuecando la voz:

---

(1)   Torres Villarroel. *Vida,* pág. 104.—Madrid, 1912.

—¡Oye! ¿Tienes *barbes* y *files?*

—¡Sí!

—¿Files y non *salives?*

—¡Sí!

—¿Quieres que coja la torta?

—Cógela, si quieres.

Entonces el *diablillo* bajó muy contento, pero en vez de la torta cogió la piedra *ingrienta* y restregándose las manos subió por las *calamiyeres* diciendo:

—¡Ux, que me quemé!

Cuánto nos hemos reído en las *esvillas* y en la *fila* con los cuentos de este personaje alegre y divertido, que recuerda a los *cobales,* genios burlescos, que, según los griegos, formaban parte de la bulliciosa corte de Baco.

En Alemania existe el *Kobold, duende* familiar, parecido al *Diablo Burlón* asturiano; viste también de colorado y se dedica a hacer las mismas *diabluras* (1).

Avarico y Carmela

Si Caravia no fué muy frecuentada por el *trasgo* vestido de colorado, en cambio cuentan que hizo muchas correrías por el concejo el *Diablo,* transformado en caballo, asno, cabrito o macho cabrío, y a veces se presentaba en forma de figura humana.

Vivía en Caravia la Alta un tal Avarico; y una noche, estando en la cama, llamaron fuertemente a la puerta.

—Levántate, Carmela,—dijo Avarico a su mujer,—y pregunta qué se le ofrece a ese que golpea la puerta tan reciamente.

---

(1) Dice D. Marcelino Menéndez de Pelayo *(Historia de los Heterodoxos Españoles,* tomo II, pág. 251, Madrid, 1917), que, «Entre las creencias antiguas, y casi olvidadas en España, debe contarse la de los *duendes* o *trasgos,* quienes según el autor del *Ente dilucidado* «no son ángeles buenos, ni malos, ni almas separadas de los cuerpos», sino unos *espíritus familiares, semejantes a los lemures de los gentiles* conforme a la opinión del Padre Feijóo». Y agrega que a «nadie se le ocultará el origen céltico-romano de esta nueva aberración».

Abrió Carmela la puerta y se encontró con un caballero montado en un hermoso alazán; vestía levita y sombrero de copa.

—Deseo—dijo el caballero—que venga su marido conmigo hasta ponerme en el camino real; hace media hora que ando dando vueltas por el pueblo y no acierto a coger la ruta.

—Iré yo, señor—contestó Carmela—que mi marido está delicado y hace mucho frío para él.

Echaron a andar calleja adelante, y al desembocar en el camino real, el caballero ordenó a Carmela que se retirase.

Y Carmela le dijo:

—¡Vaya usted con Dios!

Al oir el caballero el nombre Dios, clavó las espuelas en los ijares del caballo y desapareció como por arte de encantamiento; al mismo tiempo, Carmela recibió la impresión de que caían todas las ramas de los castaños.

Llegó Carmela a casa muy asustada y el marido le preguntó si le había dado propina el caballero; ella contestó:

—Propina no me dió, pero levántate, que cayó medio castañar y antes de que se den cuenta los vecinos vamos a recoger un porción de leña.

Avarico y Carmela fueron al castañar y vieron sorprendidos que de los castaños no había caído ni una sola rama.

El caballo tordo

Y sucedió que cortejaba un mozo a una rapaza de Bandalisque; y una noche cenó más temprano que de costumbre, cogió un palo de acebo y se dispuso a salir de casa; su padre, que estaba en el *estregal* haciendo una *rabuya* para el arado, le dijo:

—No salgas de casa sin rezar el rosario, porque te ocurrirá algo malo.

El mozo contestó que tenía mucha prisa y se marchó en dirección a la morada de su novia.

Atravesó el prado de la Hermita cantando y *riflando,* y al llegar a Tobanes encontró un caballejo tordo que pacía tranquilamente debajo de un castaño.

—He aquí un caballo que me va a llevar en seguida hasta casa de mi novia—dijo el mozo; y se arrimó a él y el caballejo se dejó acariciar, pero en cuanto el mozo le montó, salió disparado monte arriba, y el caballo crecía, crecía..... y al llegar al campo de la potra le tiró por encima de las orejas.....

La cabra de la tía Pepa

Contaban en la *fila* que, una mujer de estas que quedan en completo abandono después de ser la bestia de carga del pueblo, tuvo que implorar la caridad porque no podía trabajar, y a fuerza de economías consiguió adquirir una cabra. Cuando ésta estaba preñada decía la tía Pepa:

—Si pare dos, una se la ofrezco a San Antonio.

Cuando le llegó el tiempo a la cabra parió dos hermosas cabritinas, y el día de San Antonio la anciana cumplió la oferta.

La tía Pepa estaba contentísima con sus dos cabras, pero empezó a ponerse pesarosa por haber donado la otra a San Antonio.

—¡Qué hermosas están las cabras!—decía. Si no hubiera regalado la cabritina a San Antonio, el año que viene tendría nueve cabras, porque parirían dos cada una, y al cabo de pocos años tendría un rebaño que me quitaría de andar pidiendo limosna.

—¿Para qué habré dado la cabritina a San Antonio?—repetía todos los días la buena mujer.

Una noche que la tía Pepa contemplaba sus dos cabras, sintió ruido detrás de sí, miró hacia aquel sitio y vió con alegría que encima de una arca vieja estaba rumiando una esbelta cabra. La mujer, llena de alegría, empezó a decir:

—¡Qué cabra tan hermosa se me metió en casa, y no es de ningún vecino, porque yo las conozco todas; es San Antonio quien me la envía en cuenta de la que yo le di!

Y acariciándola en la cabeza dijo:

—Dios te guarde.

Y desapareció la cabra.

Dicen en Caravia que el *Diablo* vive en la falda del puerto

Sueve, en la Peña, en una cañada umbría, entre viejas encinas y espesos matorrales.

No se le ahuyenta con linaza, como al *Diablo Burlón;* únicamente marcha atemorizado si oye pronunciar el nombre de Dios, ó se dice:

—¡Jesús, María y José!

El Nuberu

El *Nuberu* es un personaje de origen nórdico, director de las tronadas, agente comparable a los *tempestarii* de las Galias, citados por San Agobardo, que provoca el trueno y el granizo.

A nuestro *Nuberu* le han visto los caravienses más de una vez sentado en Peñablanca y en los picos más altos de las montañas; otras veces le vieron entrar en las cabañas para ordeñar las vacas o las ovejas y tomar después la leche. Es un hombre casi negro, de estatura gigantesca y de una fuerza colosal; va vestido de pieles y no lleva encima de sí cosa alguna.

La imaginación creadora del *Nuberu* no pudo concebir un personaje raquítico porque los truenos son enormemente grandes, de forma esférica, y él tiene que transportarlos de un sitio a otro y hacerlos chocar entre sí para que se rompan y caiga sobre la tierra el agua que tienen dentro.

«—Llevando la lluvia a los campos áridos, colma al labrador de beneficios; pero si el campesino que le encuentra no le conoce y le mira con desdén, o le confunde con un mendigo, o no le saluda cortesmente, o no le agradece la buena cosecha, ya puede contar la primera por perdida; se salvarán las fincas de los demás, pero no las suyas» (1).

Si vas a tierra de Egipto...

Cuentan que una vez, mientras el *Nuberu* contemplaba desde

(1)   *Mitos y supersticiones de Asturias,* por D. Rogelio Jove, pág. 46.— Oviedo, 1903.

la eminencia de una enorme roca la hermosura de los campos que acababa de regar con beneficiosa lluvia, se le escaparon las nubes y tuvo que quedarse en tierra hasta la mañana siguiente.

Se dirigió a casa de un labrador rico y le pidió posada por una noche; el labrador le contestó que no admitía mendigos en su casa. Después fué a la de un labrador de humilde posición y éste le acogió cariñosamente; claro es que ninguno de los dos labradores sabía que aquel hombre era nada menos que el rector de las tormentas. Éste se levantó muy de mañana y después de dar las gracias a su huésped, le dijo:

—Si algún día vas a tierra de Egipto, pregunta por *Juan Cabrito*.

Y el *Nuberu* se dirigió al pico más alto de la montaña, y cabalgando sobre una nube se metió por entre el celaje hasta llegar a una gruta formada por masas nebulosas; y entre las estalagmitas flotantes agrupó los redondos truenos, cabalgó sobre uno, y halando de un cable tejido de nubes los llevó sobre las propiedades del labrador que le había llamado mendigo, y haciéndolos chocar unos contra otros se rompieron con gran estruendo, derramando con fuerza toda el agua que tenían dentro, en las tierras de su enemigo, arrasándolas por completo.

Desde aquel día las tierras del labrador pobre empezaron a dar abundantes frutos, y las del labrador rico se convirtieron rápidamente en campos estériles.

Sucedió que el labrador pobre, mozo valeroso y dispuesto a meterse en empresas, decidió ir a Jerusalén (quizá de escudero de un señor que fué a las cruzadas). Allí cayó prisionero, y después de muchas aventuras fué a dar con su cuerpo a Egipto.

Preguntó que dónde vivía *Juan Cabrito,* y le contestaron asombrados de que se atreviera a nombrar a tan grande señor.

El labrador averiguó que el *Nuberu* vivía en una montaña que casi tocaba en las nubes, en un palacio labrado en la roca granítica y hacia allí dirigió sus pasos caminando por un desfiladero. Al final de éste aparecía la roca cortada verticalmente y en el interior de ella tenía sus habitaciones el *Nuberu*. Salió un criado y le dijo al labrador:

—¿Cómo tenéis valor para acercaros a este palacio? Mi amo ha ido a tronar y no regresa hasta mañana; además, no recibe a nadie; ¡marchad!

Volvió nuestro labrador al otro día y le suplicó al criado:

—Decid a vuestro amo y señor que está aquí un asturiano que desea saludarle.....

Inmediatamente fué introducido en el palacio y el *Nuberu* le trató con atención expresiva y cariñosa; después le dijo:

—Vengo de romper unos truenos sobre tu pueblo; he regado tus tierras con mucho cuidado; tus cosechas son más abundantes cada año y tu familia está buena. Ahora tengo que darte una mala noticia: tu mujer, creyéndote muerto, se casa dentro de unos días, pero no te apures, mañana llegarás a tu morada y tu esposa recibirá mucha alegría. A mí no me volverás a ver porque marcho esta noche a tronar; levántate antes de amanecer y monta en un macho cabrío que estará a la puerta de este palacio; él te conducirá a tu pueblo por el aire; no tengas miedo, nada malo te ocurrirá.

Y tal como lo dijo el *Nuberu* así sucedió; el labrador llegó a su casa en un abrir y cerrar de ojos, y su mujer le recibió amorosamente entre sus brazos (1).

Una variante de la anterior leyenda

El *Nuberu* venía *corriendo* una nube y cayó en el puerto Sueve, en la majada de Merguyines; allí se hospedó en la cabaña de un pastor, y éste obsequió a su huésped con leche espesa, queso, pan de centeno y avellanas. Al día siguiente, el *Nuberu* se despidió del pastor diciéndole:

—Si vas a la ciudad de *Orito,* pregunta por *Juan Cabrito.....*

Y el pastor marchó a la guerra, cayó en poder del enemigo y le vendieron a un guerrero que le llevó a la ciudad de *Orito,* la cual está situada en la cima de un pico muy alto. Al pasar por la ciudad vió a la puerta de un palacio *les coricies* que él había regalado al

---

(1) Esta leyenda, además de oirla en Caravia, la hemos oído en la parroquia de Sardedo, concejo de Ribadesella.

Los vecinos de Cuyences, barrio sito en Naranco (Oviedo), cuentan que una vez cogieron a un *Nuberu* y le hicieron trabajar en las canteras que allí hay; cuando vino la niebla, trepó por ella y dijo:

—¡Hasta en Galilea!

Al día siguiente volvió con una nube y les arrasó las cosechas.

Nuberu la noche que le hospedó en su cabaña; lleno de alegría, entró en aquella mansión, que resultó ser la de *Juan Cabrito,* el cual, después de redimir al pastor le obsequió espléndidamente y puso a su disposición un macho cabrío para que, cabalgando sobre él, volviera al pueblo antes de que se casara su esposa.....

Pero llegó tarde; su mujer acababa de casarse y estaba con los convidados celebrando la comida de bodas. Sentóse el pastor a la mesa y nadie le conoció, debido a que estaba muy desfigurado. Unos creyeron que le habían invitado los otros; después de la comida contó cada uno su cuento; entonces el pastor dijo:

—Si me lo permiten, contaré yo el mío.

—Que lo cuente—dijeron todos.

—Pues señor, otra persona y yo teníamos un arca y en ella depositábamos los secretos de nuestra alma y de nuestra vida; esa arca se abría con una llave de oro, pero aquella persona, creyéndola perdida, encargó otra de hierro a un herrero. Y habiendo parecido la llave, ¿cuál creéis que se debe usar, la primera, o la que hizo el herrero?

—La primera—contestó la mujer.

—Pues el arca es tu corazón, el cual abro yo con la llave de mi amor porque soy tu marido.

Y se unieron en dulce abrazo para siempre (1).

Les Xanes

Les Xanes son ninfas de peregrina belleza, pero de talla diminuta; las de Caravia visten el traje del país y habitan en la Cristalera, en una cueva conocida con el nombre de cueva del Cuetu. Un desprendimiento de la roca ha obstruído la entrada de la gruta; esto nos ha impedido explorar la cavidad inmensa que suponemos existe en las entrañas de la Cristalera y que habrá dado lugar a que en la antigüedad haya sido considerada digna mansión de *Xanes.*

Éstas, en el interior de su morada, dedícanse, entre otras cosas,

---

(1)   Esta variante nos la contó el vecino de Caravia la Alta,· Ramón el *Cano.*

a tejer madejas de oro hiladas en ruecas de marfil; por la noche
salen a lavar sus ropas y las tienden sobre las flores; y mientras
al fulgor de la luna, secan las prendas, confeccionadas con tela sutil,
danzan y juegan entre los árboles que hay en las márgenes del río,
en la Coyedera; y al *riscar* el alba, tornan a la gruta a reunirse con
las damas, caballeros y niños que allí tienen encantados (1).

El Cuélebre

El *Cuélebre* o serpiente voladora, guardián de tesoros y de en-
cantos, vive en las cuevas y bajo el cristal de las fuentes; en la de
la Vega, dicen que hay uno tan grande como el timón del arado;
con esta pieza comparan los caravienses el tamaño de los *Cuélebres*,

Con el aliento atrae a las personas, y la escama que le cubre
es tan dura, que rechaza las balas; únicamente se le puede dar
muerte hiriéndole en la garganta.

Después que está muy *encascarado,* es decir, después que la
escama crece mucho, le prohibe Dios permanecer aquí, y se va *volando a la mar cuajada* donde viven todos los *dragones* que fueron expulsados de las cuevas y de las fuentes. En el fondo de este
mar hay montones de riquezas, pero los hombres no pueden apode-
rarse de ellas por causa de la vigilancia de los *Cuélebres*.

Este mito, que puede ser clásico, es semejante al del dragón
que custodia las hermosas manzanas de oro del jardín de las espé-
rides.

También en la mitología germánica se encuentran dragones
guardianes de tesoros; el de Nifling, rey de la nubes, está custo-
diado por la serpiente Fafnir..... (2).

---

(1)   Dice el insigne autor de los *Heterodoxos Españoles,* «que si él
fuera tan sistemático por la derivación clásica, como los celtistas por la suya,
asentaría de buen grado que el parentesco de estas *Xanas* con las ninfas que
robaron el niño *Hylas, Hylas puer* como se lee en la argonáutica de Valero
Flaco y en otros poemas antiguos; pero no quiero abusar de las similitudes.
y doy de barato a los partidarios de orígenes *septentrionales,* la filiación de
nuestras *Xanas* de las ondinas de Germania y de cualquiera otra filiación
fantástica que bien les pareciere.»

(2)   Una prueba de que en Caravia persiste la creencia de que hay *Cué-*

La Güestia

La *Güestia* o *Buena Gente* se compone de almas en pena que van vestidas de blanco y llevan en la mano huesos encendidos que despiden una luz ligeramente verdosa.

Se juntan en los cementerios para ir en procesión fantástica a rondar la casa de la persona que está próxima a morir. La fúnebre procesión va siete noches seguidas a entonar cantos tristísimos a la par que armoniosos, delante de la morada del enfermo, el cual deja de existir a las pocas horas de haber terminado la *Güestia* su último canto.

Y durante las siete noches, la imagen del enfermo figura en la procesión. En Caravia se cuentan muchas cosas de la *Buena Gente;* había quien decía en la *fila* o en la *esvilla:*

—Fulano se va a morir porque hace dos noches le he visto yo ir con la *Güestia* por el castañedo de Raxuela.....

Y cuentan que cierta noche, una mujer que vivía en la Tejera, oyó el sonido de una campanilla; se asomó a la ventana y vió que por la Calzada arriba caminaban en dirección al pueblo dos filas de personas con velas encendidas.

Creyendo que se trataba de viaticar a algún vecino, cogió una vela y acercándose a un individuo de la comitiva se la dió para que se la encendiera, y después siguió detrás de la gente hasta la casa de un enfermo. Una vez terminada la ceremonía, la mujer regresó a su domicilio y la comitiva siguió en dirección al convento de Santiago.

A la noche siguiente, la buena mujer oyó otra vez la campanilla, fué a coger la vela que había guardado en el *estoyu* del arca, y se encontró con un hueso.

Salió a la calle, dirigióse al que la noche anterior le había encendido la vela, y le dijo:

—¡Fantasma de la *Güestia,* toma este hueso y dame mi vela!

lebres, la tenemos en que, hace dos años (1917), en el bosque del Vallín, *se oían silbidos extraños;* varios vecinos, creyendo que se trataba del *Cuélebre,* se armaron de escopetas y allá se encaminaron para darle muerte, pero no encontraron nada.

—Maldito sea quien tanto te enseñó—dijo el de la comitiva; y entregó la vela a la mujer. Y es que la vela aliviaba las penas de aquella alma; por eso se había quedado con ella.

La *Güestia* es un mito común a todos los pueblos del Norte; Menéndez y Pelayo la coloca entre los de origen céltico.

Los aparecidos

Los aparecidos son almas que vuelven del otro mundo a restituir alguna cosa, a encargar el cumplimiento de una promesa que no pudieron cumplir, o a pedir a su familia que les diga misas para aliviarles de las penas que están sufriendo en la otra vida.

Se anuncian con ayes lastimeros, y afectan, unas veces, la forma que han tenido en vida pero nada más que por delante; por detrás son huecos; otras, la forma de un animal, o de una luz.

No se presentan más que a las personas valerosas, y al hacerlo dicen:

—¡Fulano! ¿Me tienes miedo?

—¡No! Dime qué quieres que haga por tu alma.

El aparecido expone lo que desea, y al despedirse dice:

—Vuélvete.

Y no hay que mirar hacia atrás.

El que habla con un aparecido, muere el día que se cumple el año que habló con él.

La persona que aumenta sus tierras metiendo los mojones por la finca vecina, cuando muere, su alma va a parar al interior de la columna de piedra que sirve de marco a la portilla que cierra la ería, y allí está castigada a recibir los golpes que dá aquélla contra la columna al tiempo de cerrarla.

Un día, un vecino de los Duesos, cerró con fuerza la portilla de Requexu, y dicen que dentro de la piedra oyó una voz que dijo:

¡Ay que me matas, Vicente! (1).

---

(1) En Alemania hay la creencia de que algunas almas permanecen entre la puerta y el larguero, por lo cual está prohibido cerrar brusćamente las puertas y las ventanas. *El paganismo contemporáneo,* por Pablo Sebillot, traducido por F. Peyró Carrió, pág. 245.—Madrid, 1914.

Las brujas

Se atribuye a las *brujas* la facultad de ocasionar males y perjuicios al prójimo con el simple efecto de la mirada.

En Caravia, como en el resto de la provincia, existe la creencia en *brujas*. La *bruja* es una vieja que chupa la sangre a la gente
joven por la noche mientras duerme; y a los niños y a los animales
de todas clases les hece *mal de ojo* o *aojamiento*.

La vaca atacada del mal del *agüeyu,* en vez de leche dá sangre, y el niño alcanzado por la mirada de la *bruja,* enferma rápidamente, siendo inútiles los esfuerzos del médico para atajar el mal.

Para curar a los enfermos, hay que buscar a la *bruja* y hacerla
decir delante del niño: ¡Dios te bendiga! Y delante de la vaca: ¡San
Antonio la guarde!

Después de la invocación de Dios y de San Antonio, hecha
por la *bruja,* la enfermedad desaparece rápidamente.

Cuando encontramos a una persona con ganado, es costumbre
saludarla diciendo: ¡San Antonio lo guarde!

—¡San Antonio nos guarde a todos!—contesta.

Y si encontramos con alguien que lleve consigo un niño se
dice: ¡Dios le bendiga!

—¡Amén!—responde.

¡Y cuidado con que alguno deje de saludar en esta forma!

En una ocasión hemos visto a una madre obligar a una mendi-
cante a decir delante de su hijo: ¡Dios te bendiga!, porque le había
mirado intensamente.

D. José María Caveda, en su composición poética *El niño enfermo,* trata del *mal de ojo* y dice:

```
. . . , . . . . . .
¿Si lu agüeyará
La vieya Rosenda
Del otru llugar?
Desque allá 'na cuerra
Lu diera a besar,
Poqueñín y a pocu
Morriéndose va;
Dalgún maleficiu
La maldita i fai,
```

```
Que diz q' a Sevilla
Los sábados va,
Y q' anda de noche
Por todu el llugar
Chupando los ñeños
Que gordos están.
¿Si el míu la bruxa
También chupará?
Témolo en conciencia,
Témolo en verdá...
```

Se dice que la propiedad de *agüeyar* está en uno de los ojos, nunca en los dos; y esta propiedad no es innata, aparece súbitamente, y a veces también algunos hombres la poseen.

Se cuenta en Caravia que estando un labrador unciendo los bueyes, después de anudar los *cornales* y de abrochar *les melenes*

Fig. 61.— La Calle. Caravia la Baja.

con *les estorneyes,* se puso a acariciar a uno de ellos en el hocico, y al mirarle a los ojos, el buey se cayó al suelo; después que se levantó, el labrador se dió cuenta de que podía hacer *mal de ojo,* y para saber con cuál podía *agüeyar,* se subió al hórreo y por uno de los taladros que sirven para la ventilación del local miró con un ojo al buey y éste se volvió a caer; mirando con el otro ojo no ocurría nada; entonces el labrador, comprendiendo el daño que podía causar se sacó el ojo con un punzón.

Como no es fácil que en todos los casos vaya la *bruja* a desagüeyar a los enfermos, se llama al cura para que los bendiga.

El Sr. Caveda, en la poesía citada, describe así los remedios que se emplean para neutralizar el maleficio:

Mañana sin falta,   Y dai pan bendito
(Si hé que llego allá),   Mezclau al papar,
Con agua bendita   Y de San Benito
Lu tengo asperxar,   Se i ha de colgar,
Y ponéi la cigua   La regla que fora
Antes de mamar,   Del padre Bastián...

Dicen algunos autores, y entre ellos D. Marcelino Menéndez y Pelayo, que la creencia en el *mal de ojo* es probablemente de origen *latino*.

Al aquelarre.....

La *bruja* se monta en una escoba y va por los aires al aquelarre los sábados a media noche.

Las de la Montaña, según Pereda, en *Tipos* y *Paisajes,* tienen su punto de reunión en Cornécula, pueblo de la provincia de Burgos. Allí se juntan todas las congregadas alrededor de un espino, bajo la presidencia del diablo en figura de macho cabrío y se dedican a bailar y a hacer consultas al «cornudo dueño y señor».

Las brujas de estos contornos, según se dice en Caravia, se reunen cerca de Peñamellera al cobijo de una encina solitaria, y después de bailar al son de una chifla con su jefe y de celebrar abominables misterios en aquel conventículo preparatorio, cabalgan sobre las escobas, y con el macho cabrío a la cabeza se dirigen al aquelarre de Sevilla.

Hay una copla alusiva que dice así:

Ayer vi una bruja
En Peñamellera,
que toca una chifla
y el diablu la lleva.

Para poder viajar por el aire se coloca la *bruja* encima del llar, y después de desnudarse toda, se da una untura de pies a cabeza con un ungüento caliente sacado de una escudilla que guarda en la *fornica,* debajo de una baldosa.

Después de darse la untura infernal pronuncia la siguiente fórmula:

> Por encima de ríos,
> Por encima de escayos,
> Por encima de montes
> Con todos los diablos.

y sale a través de la *cuña* a caballo en la escoba.

Se cuenta que una vez, la vecina de una *bruja* entró en curiosidad por conocer las artes empleadas por ésta para ir al aquelarre. Por un agujero consiguió verla darse la untura y oir una parte de las palabras mágicas, y creyendo que las había aprendido entró en casa de la bruja, se dió la untura y en vez de decir por encima, dijo: por debajo de rios, de *escayos* y de montes con todos los diablos, y salió de cabeza, metiéndose después por los matorrales; cuando regresó, al amanecer, traía el cuerpo echando sangre y lleno de espinas.

Recuerda esta curiosidad la de *Lucio* o *el Asno de Oro,* quien por imitar a Pánfila, ayudado por la bella Andria, se convirtió en un asno perfecto, de cuyo estado no salió hasta que después de mil aventuras comió unas pocas de rosas.

La Guaxa

No tiene figura determinada; si se pregunta a un caraviense que cómo es la *Guaxa,* responderá como todos los asturianos que no hayan leído nada de lo que de ella se ha escrito: que no lo saben.

Cuando desaparece una cosa, se dice que la llevó ó que la comió la *Guaxa;* ésta es un ser con el cual se infunde miedo a los niños, igual que con el *Coco* y el *Rapéo;* y nada más.

Pero la imaginación de algunos escritores modernos, ha hecho de la *Guaxa* un monstruo horrible, diciendo, entre otras cosas, que chupa la sangre a los niños; y quien lo chupa es la *Bruja;* así lo dicen los escritores regionales antiguos, y así lo hemos oído nosotros en las consejas del invierno.

Mitos desconocidos en Caravia

El *Bugoso*. Personaje que anda por las selvas como el Sátiro de los griegos, es conocido en la Navarra francesa con el nombre de *Bessa-Yaon,* o *señor salvaje;* y entre los vascongados, con el de *Basojaun,* o el señor de los bosques.

Los *Ventolines*. Portadores del rocío nocturno que mecen á los niños y traen a los hogares el último adios de la persona querida que muere lejos.

Los *Espumeros*. Espíritus del mar que danzan y juguetean entre las olas y se resguardan de la tempestad en los acantilados de la costa.

Las *Lavanderas.* Viejas de rostro seco; su voz es parecida a la de la cascada, y habitan en las cuevas de los árboles viejos; en los remolinos de las corrientes golpean el agua con sus palas, y cuando se incendia una casa acuden en auxilio de las personas ancianas.

El *Sumiciu*. Ser invisible que se apodera de cuanto halla a mano y lo oculta donde no se encuentra nunca.

Estos cinco seres, descritos, unos por el Sr. Aramburu en la *Monografía de Asturias,* y por D. Rogelio Jove en *Mitos y supersticiones de Asturias;* otros, por el Sr. Acevedo y Huelves en *Boal y su Concejo,* son desconocidos en Caravia

La Sirena

En todos los pueblos de la costa, y entre ellos Caravia, existen canciones populares que acusan la superstición greco-romana de la *Sirena:*

En el medio de la mar
oí cantar la serena;
válgame Dios, qué bien canta
una cosa tan pequeña.

dice una copla en Caravia.

Y en este pueblo, a la moza que canta bien, la ponderan asi:

Aquella coloradina
que vive junto a la peña,
bebe agua cristalina,
canta como una serena.

ponderación parecida a la que hizo la reina mora, del Conde Oli-
nos, cuando le oyó cantar desde las altas torres de su castillo:

Escuchadle, mis doncellas
las que dormís, recordad,
y oiredes a la serena
como canta por el mar.....

En Caravia, dicen que por la noche se acercan las *Sirenas* a
la costa columpiándose sobre las olas, y que desde el acantilado de
Moracey se las oye cantar dulcemente al son del oleaje..... (1).

____

(1)   En Portugal y en Cataluña también hay cantos alusivos a la *Sirena:*

Ouvi canta la sereía
la' no meio d' esse mar;
muito navío se perdé
ao son d' aquelle cantar.

dice una canción portuguesa.

Y en el *Romancerillo catalán,* de Milá, pág. 108, leemos:

Desperteu, vos, vida mía
Si voleu sentir cantar,
Sentireu cant de *sirena*.....

En Filipinas, los pescadores de la Isla de Cebú, cuando van a pescar,
llevan una bolsa con monedas de cobre para hacerlas sonar si oyen el canto
de la ninfa; creen que las vibraciones del sonido de las monedas ronpen el
encanto de la *Sirena*.

La mañana de San Juan

Es una de las más poéticas del año; el culto del fuego celebrado por los celtíberos, todos los años, en el solsticio de verano, existe en la actualidad como en la época de Strabon: las hogueras de San Juan y las de la víspera del Santo patrono de cada pueblo, dejan vislumbrar aquella costumbre pagana, cristianizada en la actualidad (1).

¡Cuántas cosas ocurren *la mañana de San Juan!*

Los rapaces de Caravia suben al pico Babú para ver el sol bailar en el momento que aparece bañándose allá donde las aguas del mar se unen al cielo y le besan.....

¡Qué recuerdos más agradables tenemos de nuestra niñez, cuando subíamos al pico Babú *la mañana de San Juan!*

Las caravienses enraman las fuentes, y entre tanto que llegan las doce de la noche para *coger la flor del agua* y desencantar con ella a una dama o a un caballero, cantan y bailan delante de la fuente.

Los mozos colocan a la puerta de las casas de sus novias un ramo muy grande de álamo adornado con rosas y cintas de seda, y ocultos entre las hojas, ponen nidos de rosquillas; después recorren el pueblo cantando (2):

---

(1) «—En algunas parroquias de la Baja Bretaña, cuando la hoguera de San Juan deja de llamear, los circunstantes. guardando silencio, dan alrededor de ella tres vueltas, cogen del suelo guijarros y cada uno tira el suyo al fuego; los muertos acuden a calentarse y se sientan en estas piedras, las cuales observan al siguiente día los vivos; aquel que encuentre su guijarro vuelto, morirá dentro del año.

En Francia estuvo muy extendido el uso de hacer atravesar a los animales domésticos la hoguera de San Juan, para preservarlos del embrujamiento y de enfermedades.» *El paganismo contemporáneo de los pueblos celto-latinos,* por Pablo Sebillot, traducción de F. Peyró Carrió, pág. 202 y 286.—Madrid, 1914.

(2) Y atraviesan en los caminos los carros, los arados, las portillas de las fincas, y hacen otras cuantas bromas de buen género.

> Mañanita de San Juan
> madruga, niña, temprano
> a entregar el corazón
> al galán que puso el ramo.

La víspera de San Pedro vuelven los mozos a enramar las puertas, pero esta vez, con ramos de fresno; y la moza a quien no le han puesto el ramo *la mañana de San Juan,* y se lo ponen la víspera de San Pedro, canta:

> Enramásteme la puerta
> la víspera de San Pedro,
> ¿no sabes, galán del alma,
> que estaba San Juan primero?

Nunca hemos oído que en Caravia se hiciera uso del rocío, *la mañana de San Juan,* como en otros sitios.

«—En el inmediato pueblo de Borines, del concejo de Piloña, las mozas, completamente desnudas, se revuelcan en los prados para participar de la virtud del rocío» (1).

¿Qué beneficios obtendrían las jóvenes piloñesas bañándose en el rocío? ¿les libraría de enfermedades cutáneas?

«—El rocío posee virtudes curativas en ciertos días privilegiados. En Asturias libra de la erupción a los sarnosos, que a media noche, la víspera de San Juan, se revuelcan completamente desnudas para impregnarse de él.»

También en los Pirineos se bañan en el rocío para curar las enfermedades de la piel.

Y las jóvenes eslavas tienden una toalla en el campo, y después que se empapa de rocío lavan con ella la cara, creyendo que así aumentan su hermosura (2).

-----

(1) *El Correo de Asturias.*—Oviedo, 24 de Junio de 1892.

(2) Sebillot, obra citada, pág. 167. Este autor, en la pág. 108, dice que «En la provincia de Minho, el niño herniado se traslada a un saucedal la noche de San Juan, a las doce, con tres Marías, que llevan una rueca, y tres Josés; uno de éstos hiende un mimbre y los otros dos pasan el niño a las Marías por la abertura; los Josés dicen: «¿Qué hacéis aquí?» Las tres Marías responden: «Hilamos lino para atar el mimbre, pues el niño está herniado.» Dicha esta fórmula tres veces, se ata el mimbre; si sus partes se unen, el niño sana.»

Danza de princesas

En *la mañana de San Juan, les Xanes* salen a peinar sus cabellos de oro a los rayos del sol naciente, los *Cuélebres* se enroscan y duermen; entonces, las princesas que están encantadas en la fuente del Alisu, en un palacio de cristal, aprovechan el sueño del guardián para ir al Pico del Castro a limpiar la cadena de oro que le circunda; y al regreso, después de coger en el *cotollar* florecillas silvestres para tejer coronas y ceñirlas a sus sienes, en el campo de la Llana, danzan ágilmente, corren de un lado a otro respirando el aroma delicado que flota a su rededor, y juegan a los bolos con bolas de oro y márfil.

Y si durante el sueño del *Cuélebre* algún mortal introduce una medalla en el ojo de la fuente, se suspende momentáneamente el encanto; las princesas, llenas de alegría porque van a conseguir la libertad, hacen que su libertador se acerque con ellas a la fuente y le dicen:

—Toma nuestra riqueza y danos tu pobreza.

Y si en aquel momento no les entrega un objeto bendito, despierta el *Cuélebre,* y las princesas vuelven otra vez a su encantamiento.

Can Cambroña...

A un kilómetro del río de la Espasa, y en la falda de un cerrillo que se alza dominando la playa de la Isla, brotan borbollando las aguas de la fuente Cambroña, y debajo de su cristal, en un palacio labrado por un genio, viven sujetas al poder de los encantadores doce hermosísimas doncellas moras.

La mañana de San Juan, después de pasear descalzas sobre la *rosada* que cubre la alfombra verdina del prado, tendida desde la fuente hasta la playa, se van a la orilla del mar, y allí danzan al son de las olas, dando al viento sus velos de oro, los cuales flotan alrededor de sus cuerpos flexibles, como una niebla luminosa; y las olas rompen con mimo para acercarse suavemente a las danzarinas y besarles los delicados pies.

Y las jóvenes dirigen la vista hacia el horizonte azul para ver si se acerca a la playa una lancha con el hombre que ha de libertarlas.

Y una *mañana de San Juan,* cuando las vírgenes moras retornaban al palacio saltando a la comba con sus velos sutiles, vieron que llegaba a la playa, empujada por la suave brisa, una lancha tripulada por un arrogante pescador.

Se le acercó una de las moras y le dijo:

—Si quieres ser rico y poderoso, el año que viene, la víspera de San Juan, al dar las doce de la noche, te presentas con doce panecillos de cuatro picos, al pie del ojo de la fuente Cambroña y dirás:

—Can Cambroña: toma el pan que te envía tu Señora. Lo demás corre de nuestra cuenta.

Al año siguiente se presentó el pescador a la vista de la playa y mientras se acercaba la hora convenida, soltó los remos y dejó a la lancha juguetear libremente sobre las olas.

Cuando más abstraído estaba pensando en el poco tiempo que le faltaba para ser rico, vió que un pez enorme se dirigía veloz hacia su embarcación, y para ahuyentarle, tomó un panecillo, le quitó un pico y lo arrojó al pez, el cual desapareció debajo del agua.....

Llegó el pescador al pie de la fuente, y al dar las doce de la noche dijo:

—Can Cambroña: toma el pan que te envia tu Señora.

Se rompió el cristal de la fuente y por entre burbujas de plata que brillaban al claror de la luna, salió una de las jóvenes encantadas; agitó su cuerpo un suave temblor y cayeron a sus pies, produciendo armónico sonido, gran cantidad de perlas y de brillantes.

En cuanto la mora tomó el panecillo en sus manos, le acercó a los labios, le besó, y se convirtió en un hermoso caballo.

Según iba el pescador repitiendo la fórmula convenida, iban saliendo las moras de la fuente y depositando a sus pies montones de riqueza. Ya estaban a caballo en disposición de huir en cuanto saliera la última, pero al faltarle un pico al panecillo le faltó un pie al caballo, por lo cual tuvieron que recoger las riquezas y volver a su encantamiento, no sin antes maldecir a los encantadores por haber sido culpables de la aparición del pez.

Y el pescador, lleno de tristeza, soltó la amarra de su lancha, remó con fuerza y se alejó de la playa para tender sus redes más allá del horizonte.....

Las golondrinas

Cuando las golondrinas empiezan a construir sus nidos en los aleros de los hórreos o de los corredores, ¡cómo alegra la *Quintana* esta ave nómada y hermosa, vestida de plumaje negro y blanco al anunciarnos la llegada de la primavera!

Las golondrinas han desempeñado en las leyendas antiguas y modernas un papel muy simpático y poético.

En el Piamonte llaman á la golondrina el pollo del señor; en Alemania, pájaros de la Virgen; en Italia es pecado mortal matar una golondrina o destruir su nido; en Austria-Hungría deja de dar leche la vaca de la persona que mata una golondrina.

Y es creencia general en España que las golondrinas quitaron a Cristo las espinas de su corona; dice el cantar:

> En el monte Calvario,
> las golondrinas,
> le quitaron a Cristo
> las cinco espinas.

En Caravia no hay quien se atreva a matar una andarina ni a destruirle el nido; quien tal hiciera sería castigado inmediatamente con la pérdida de la mejor vaca; y si no tiene reses vacunas se morirá la persona más querida de su familia.

El ensalmador

Se llama en Asturias *ensalmador* al individuo que se dedica a embaucar a la gente curando toda clase de enfermedades y dolencias de hombres y de animales, soplándoles las heridas, echándoles saliva o diciendo conjuros.

D. Antonio González Reguera, poeta que hemos citado ya, compuso un entremés donde el *ensalmador* se presenta nada menos que con la pretensión de conjurar el alma de una difunta que anda por la *Quintana* en forma de estornino, cantando en las ramas de una higuera y comiendo los higos.

Una mujer consulta el caso con el *ensalmador,* y éste dice:

> Isi estornín fatal, que tanto grita,
> Ye l'alma de to madre, Malgarita,
> Que non terná descanso ni folgura
> En Pulgatorio ni ena sepoltura,
> Si el sábanu en que fora sepultada
> Non s'apodrez hasta que quede en nada.
> Mas para que non vos cause tanta llerza,
> Tomaréis nueve táramos de verza,
> Tres granos de cebaba, tres de trigo
> Y d'esa tal figar el meyor figo:
> Un poco d'una estola,
> De llechuga montés la fueya sola.....

Y añade a esta receta *dos hojas del breviario del cura, un remiendo o dos de la sotana, unto de oso y tres pelos de un raposo,* etc.

Y después de ordenar a la mujer que hierva todo esto para que resulte un buen ensalmo, añade:

> El primer vienres, cuando el gallo canta,
> Acurrucaivos bien en una manta:
> Xuntaréis les rodíes
> Y esfregaréis con fuerza ambes veries,
> Y diréis: «Estornín de la estorneya,
> Los figos dexa o dexa la pelleya,
> Si yes l'alma quiciás d'algún difunto,
> Márchate de aquí al punto.....
> Véte pa 'l Pulgatorio, y si non quieres,
> De min rezos y mises non esperes.
> ¿Serás acaso un estornín tornado
> L'alma d'un aforcado,
> O la güestia que vien del otro mundo
> Y sal de les llumales del profundo?
> Por si eso yes, conxúrote mil veces
> Que te vayas allá con les gafeces.»
> Al decir esto fáite cuatro cruces;
> Y encendiendo dos lluces
> La to figar experxarás primero,
> Con todo el cocimiento del puchero,

Pondránsete los pelos respigados;
Aullidos oirás, verás ñublados,
Un sudor fríu moyará to frente;
Pero aquisi estornín empertinente
Ñon tornará a gritar nin comer figos,
Y dexarante en paz los enemigos..... (1).

El donoso poeta D. Antonio González Reguera, que sabía inspirarse en las creencias del pueblo, tomó quizá de él el conjuro del estornino; acaso sería popular en Asturias en aquella época.

Decimos esto, porque en Caravia todavía recitan hoy trozos del conjuro, más popular que el del Sr. González Reguera y más enérgico; dice así:

. . . . , ...
Malva montés,
Perexil moris,
Untu infernal
Con el intis.....
El llunes, cuando el gallu cante,
Enrollaraste na to manta y dirás:
Estornín estorneya
De la barba bermeya,
Na figal te ponxiste,

Gran pecau ficiste,
Los figos me comiste,
Gomítamelos acá.
¡Ah, Satán!
¡Ah, pelitán!
Apega cencia,
Yo te conxuro
Con cinco granes de pimienta,
Con la pala y la fesoria
Per secula seculoria.....

Personas que tienen cerca de 80 años de edad afírman que recuerdan haber oído a sus antepasados este conjuro completo.

Dice D. Marcelino Menéndez y Pelayo que, «—como se ve, estamos en plena evocación nigromántica, no para atraer, sino para ahuyentar espíritus; y esa alma trasmigrada al estornino, es uno de los pocos rastros de la mentempsícosis celta en nuestras comarcas septentrionales» (2).

La piedra de la culebra

Tiene la virtud de extraer el veneno de la herida causada por este reptil.

---

(1) *Colección de poesías en dialecto asturiano,* impresas en 1839, por D. Benito González. Prólogo de D. José Caveda.

(2) *Historia de los Heterodoxos Españoles,* tomo II, pág. 241.—Madrid, 1917.

Para *hacer* la *piedra* se juntan siete culebras, formando un grupo interesante; unas giran irguiendo la garganta; otras ondulan caprichosamente, y la luz hace sobre los colores diversos de su piel hermosos cambiantes; después se apiñan y se babean seis de ellas sobre la cabeza de la más grande, y cuando se endurece la baba *queda formada la piedra.*

Nosotros afirmamos haber visto más de una vez un grupo de estos reptiles; igual afirmación os harán muchas personas de distintos pueblos de la provincia; mas no sabemos lo que resultaba de aquellas reuniones.

Muchas veces hemos oído decir en Caravia:

—He visto una culebra con la cabeza casi cuadrada, porque tiene la *piedra* en ella.

¿De dónde habrá sacado el vulgo que en la cabeza de uno de estos reptiles hay una *piedra* que absorbe el veneno de las heridas que él causa?

Hay en la India una serpiente venenosa, «la *cobra reina,* que tiene una excrescencia o *piedra* entre el hueso de la quijada superior y el paladar. Esta *piedra,* aplicándola a la herida, evita la acción del veneno de la *cobra»* (1).

Dicen que la *piedra* es porosa y de un hermoso color azulado. Después de aplicarla a la herida se introduce en un baño de leche para que suelte el veneno que absorbió.

En Caravia, para neutralizar los efectos del veneno, golpean la herida con una varita de avellano; y es tal la creencia en su virtud, que aseguran que con sólo tocar a una culebra en la cabeza con una vara de este arbusto, muere inmediatamente. Y dicen que también muere a los siete días de haber dado una mordedura.

La mamó una culebra.....

Hay caraviense que al atardecer, cuando regresan las vacas al establo, si alguna de ellas trae poca *coxa,* dice que la mamó una

______

(1) *De gentes del otro mundo,* por M. Roso de Luna, pág. 49. Nota. — Madrid, 1917.

culebra en el pasto, y que tienen tanta dulzura en el mamar, que, cuando no llega a tiempo, la vaca la llama con mugidos especiales y cariñosos.

También creen que mama a las mujeres; cuentan que una noche, un padre fué a besar a su hijita, que dormía al lado de su madre, y vió horrorizado que una culebra estaba mamando enroscada alrededor del pecho de su esposa; entraba en la habitación por una ventana, hasta la cual subía por una parra que crecía arrimada a la pared.

Es inútil decir a los aldeanos que las culebras no pueden mamar porque su boca no está constituída para hacer succión; no lo creerán.

La culebra y el pastor

Un joven pastor, estando una tarde a la puerta de su cabaña, en Sueve, conjuraba la niebla, diciendo:

Escampa, borrina, escampa.....

y llamaba a las ovejas tañendo un cuerno de cabra, al sonido del cual acudían balando hacia el cabañal, cuando vió entre las plantas de tomillo una hermosa culebrita de cría. La cogió delicadamente con dos dedos por las partes laterales de la cabeza y la enroscó en la palma de su otra mano; después le dió a beber leche de oveja en la oquedad de una piedra caliza y la colocó en un nido formado con hierbas aromáticas.

El pastor la acostumbró a que acudiera todas las tardes a beber su ración de leche en cuanto la llamaba por medio de un silbido suave y acariciador. En poco tiempo se hizo grandísima; era blanca, como todas las culebras que se alimentan con leche, según creencia del vulgo.

Y ocurrió que el pastorcillo tuvo que ir de mesnadero a las órdenes de su señor; y cuando regresó fué al cabañal, emitió el silbido acostumbrado, y por entre la *gorvieza* apareció la culebra con la cabeza erguida; se acercó a él retorciéndose y ondulando; el pastor se inclinó para acariciarla, y en aquel momento se le enroscó en el cuello y le ahogó.

Jesucristo me dió el vino.....

Dicen que si se coloca un cabello de mujer o una cerda de la crín de caballo en agua corriente, se convierte en una culebra, y que lo mismo ocurre si se introduce la cerda o el cabello en el estómago de una persona; el reptil sale de allí en cuanto el paciente aspira vapor de leche.

En las fuentes de los montes de Caravia suele caer alguna cerda de las caballerías que frecuentan los manantiales; por eso cuando alguien va a beber a una fuente dice:

> Jesucristo me dió el vino,
> Santa María me dió el agua,
> si hay alguna gafura
> de tres soplíos se me vaya.

y sopla tres veces; después bebe tranquilamente, sin miedo a que entren *gafuras* en su estómago.

Cuando una persona duerme en el campo dicen que corre peligro, y sobre todo si ha tomado leche, que se le meta una culebra en la boca; por eso los aldeanos tapan la cara con un pañuelo al acostarse al aire libre.

Larga y angosta, ¿a dónde vas?

Estaba un hombre durmiendo en el Campón, bajo la sombra de un nogal frondoso, y poco a poco se iba acercando a él una culebra.

Oculta entre las hojas aromáticas de una rama, estaba una nuez observando los movimientos del reptil y le dijo:

—Larga y angosta, ¿a dónde vas?

—Pico redondo, ¿no callarás?—contestó mirando hacia arriba.

—No callaré, yo caeré, al hombre daré, a ti te matará, y a mi me comerá.

Y abriendo la corteza verdosa que la envolvía, se dejó caer sobre la cara del hombre; éste despertó y mató a la culebra; después se sentó tranquilamente a comer la nuez.

En Caravia, igual que en los demás concejos de Asturias, no existe la superstición de que nombrando a la culebra puede ocurrir algo malo.

¡Cuántas veces, a la hora del *Angelus,* nos hemos sentado en Folvalle para oirla cantar junto a la fuente del Fornu; y luego, para oirla mejor, nos íbamos

> Al pie de la fuente fría,
> al pie de la fuente clara.
> donde canta la culebra,
> donde la culebra canta.

como dice el romance.....

Conjuros

Cuando la niebla cubre los montes, las personas que están en ellos cuidando el ganado dicen:

> Escampa, borrina, escampa,
> debajo p'arriba
> per toda la Vallina,
> que aquí vien San Juan
> con el caballo ruán,
> la perrina falduda
> y la Virgen que le ayuda.

Cuando el pastor no encuentra las ovejas:

> Escampa, borrina, escampa,
> que está el llobu en la Garganta
> comiendo la oveja prieta
> y mirando pa la blanca.

Y si llueve:

Abocana, Santa Clara,
mientras voy a la cabaña
por un cestiquín de lana
para ti y para mí,
para Dios que viene ahí.

Los caravienses, el sábado de Gloria, con agua bendita y un ramo de laurel bendicen las tierras, pronunciando esta formulilla:

Salid, sapos; salid, ratos,
salid toda comezón,
que aquí está el agua bendita
y el ramo de la pasión.

De una caña de alcacer construyen los chicos la zampoña, y para que toque bien la restregan entre las manos, diciendo:

Toca, zamploña,
que vamos pa Roma;
tú comerás pan
y yo borona;
si toques bien
pa con Dios irás,
y si toques mal
en infiernu caerás:
toca, toca, tocarás.

Y cuando hacen una chifla (especie de flauta) con la corteza sacada de una vara de castaño o de otro árbol, para que la corteza salga bien dicen:

Salivera, salivar,
sali, chifla, de castañar,
con salú y sin quebrantar
nunca volverás entrar.

Varios

A la piedra de rayo (hacha neolítica; véase la figura 20 y la página 55) se le atribuye origen celeste y virtudes sobrenaturales; esta *piedra* creen los caravienses que aleja el rayo, y que la vaca que concibe en presencia de ella pare hembra. Nosotros recordamos que el dueño de la casa de la Vega tenía en el establo una *piedra de rayo*.

En Caravía, cuando una vaca enferma de la ubre mojan la *piedra* en leche y frotan ligeramente la parte enferma; y como este masaje suele dar resultado, atribuyen la curación de la vaca a la virtud de la *piedra* (1).

La piedra de la leche. Es de pizarra o de mármol; tiene el tamaño de una nuez y su figura es ovoidea; las mujeres que lactan la llevan pendiente del cuello; el amuleto posee la virtud de aumentar la secreción de la leche y preservar los pechos contra enfermedades (2).

El veneno de la culebra. Cuando ésta se mete en el agua para bañarse deja el veneno sobre una llábana; si durante el baño alguien le lleva la ponzoña, se mata contra una piedra.

Las brujas. No pueden salir de la iglesia si el cura deja el misal abierto después de finalizar la misa.

Al glorioso San Justo..... Después de meter el pan en el horno, las mujeres recitan esta fórmula:

> Al glorioso San Justo,
> para que a lo poco
> lo vuelva a mucho.

y rezan un Padrenuestro, e inmediatamente deshacen la cama donde fermentó el pan, pues si no hacen esto cuece mal y no toma color.

En el Fondril. Hay un manantial de donde sale un *Cuélebre ladrando* a las personas que pasan por allí.

---

(1)　En Batzwiller (Alsacia) atribuyen al hacha neolítica influencia en los partos difíciles y frotan con ella el vientre de la parturienta. Y en Dinan la colocan en el nido de las cluecas para preservar los huevos de los efectos de la tempestad: Sebillot, págs. 47 y 277.

(2)　En las campiñas de Italia, las mujeres usan la *pietre del latte*. En Portugal llevan al cuello una piedra pequeña llamada *leituario* o una cuenta nombrada *conta leiteria*. Y en los Vosgos utilizan una cuenta de alabastro, llamada bellota de San Anselmo. Sebillot, pág. 63.

Conocemos a una mujer de Lugo de Llanera (concejo de Gijón), a la que sus padres le adjudicaron una *piedra de la leche*, y la tasaron en una onza.

El huevo de gallo. A los siete años de edad, el gallo pone un huevo pequeño, dentro del cual hay una víbora.

La ubre de las vacas. Enferma si al hervir la leche se derrama ésta en el fuego.

El alma. Sale por la nariz; no puede salir por la boca, porque con ésta se peca.

La hiel. A los nueve días de enterrar a una persona le *españa la hiel.*

El lobo. No se acerca a una persona si ésta lleva una luz en la mano o la faja a rastras. Al que ve un lobo se le ponen los pelos de punta o enronquece si el lobo le ve primero; y cuando come a una persona nunca le come el brazo derecho (1).

Lamparones. Le salen al que coma alguna cosa que haya tocado un gato con la lengua.

El perro. Cuando aulla al pie de la casa donde hay un enfermo, éste morirá pronto.

La carpia o *buho.* Cuando una persona está gravemente enferma, la *carpia* ronda la casa *cantando:* ¡cavar cavar! ¡cavar cavar! La gente interpreta que el pajarraco manda cavar la sepultura porque va a morir el enfermo.

Tesoros. De un *librón* (llamado en otros concejos *gaceta* o *gacepa)* tomó un caraviense estos datos: «En la Minariega hay tres ojos de fuente, en el del medio, cavarás y hallarás una losa con tres clavos de herradura, y debajo de ella, a seis codos de profundidad, encontrarás doce barras de oro.»

«En la fuente de la Llana, fuente Blanca de Caribe, á tres pasadas del ojo de la fuente, en dirección al mar, hay una *llamiza* crecidita; a su orilla cavarás, y a nueve codos encontrarás una tumba y en ella mucho oro y una gargantilla de rubís y esmeraldas que valen más que una ciudad.» (2).

---

(1) Los pastores de Berry, cuando enronquecen y no pueden cantar, ahuyentan al lobo corriendo hacia él con la cabellera tendida. Y en la Alta Bretaña no enronquece quien se mete en la boca un mechón de pelo: Sebillot, pág. 82.

(2) Lo notable es que nosotros presumimos que al pie de aquella fuente está el cementerio de los habitantes del Pico del Castro. ¿Habría encontrado alguien una sepultura prehistórica, y de aquí la leyenda? Veremos lo que resulta de nuestras futuras exploraciones en aquel sitio.

Mina de plata. Cuando a una vaca le salen pintas blancas en la piel, es que estuvo acostada sobre una mina de plata.

La paletilla en tierra. Dicen que una persona tiene la paletilla en tierra cuando sufre dolores de cabeza y de espaldas, siente opresión en el pecho y pérdida del apetito. Esta enfermedad la tratan frotando fuertemente la boca del estómago y aplicando al epigástrio un repegón de pez; el paciente tiene que estar en quietud varios días.

El cuerpo desigüau. Tener el cuerpo *abierto* o *desigüau,* consiste en una *torcedura de la espina dorsal,* y se *arregla* con una fuerte fricción de manteca, un enfajado, y nueve días sin doblarse y sin acostarse de espalda. Estas *enfermedades,* dicen que no *las entienden* los médicos; por eso llaman a una persona *curiosa* (1).

---

(1) A título de curiosidad, y para que se vea cómo curaban antiguamente las enfermedades, vamos a dar cuenta de un interesantísimo documento que existe en nuestro archivo (Legajo III, núm. 20); dice:

«Real Provisión de los Señores de la Real Audiencia de Oviedo, de 20 de Septiembre de este año, por la que se manda a las Justicias de este Principado, no permitan que los Hernistas y Capadores executen la operación de Castración en los Niños, sin las precauciones que en élla se contiene..... A vos la Justicia ordinaria del Concejo, Coto, o Jurisdicción de *Caravia* salud, y gracia sabed: Que habiéndose formado causa contra Juan Francisco Diéguez..... sobre haber hecho de Hernista en este Principado sin estar examinado..... se hizo presente que en este Principado algunos Castradores de Bestias suelen entrometerse a hacer tales operaciones a los racionales, como si fuera lo mismo la Albeitería que la facultad Médica..... y para cohibir y refrenar tan abusivas operaciones que al paso que ofenden la humanidad disminuyen la población..... Acordamos librar la presente, por lo cual os mandamos que no permitáis con pretexto alguno se egecute la operación de Castración en los Niños, por los Hernistas, o Capadores, y en caso de practicarse alguna vez pasada la edad de catorce años por urgentísima necesidad, en los que previene el arte, se haga por Cirujanos aprobados de la mejor nota..... y si alguno examinado de Castrador de Bestias se mezclase en intentar practicar tal oficio, con los Racionales, los arrestaréis incontinenti embargaréis sus bienes..... Dada en la Ciudad de Oviedo a veinte de Septiembre de mil setecientos ochenta y uno.—*D. Antonio Melgarejo, D. Vicente Thomas Labandeira.*»

ROMANCES Y CANTARES

En las noches del invierno, cuando estábamos alrededor del fuego, después de rezar el rosario y «por los navegantes y caminantes», una persona joven leía un poco por un libro a la luz de un candil o de un velón; las mujeres hilaban, los rapaces comíamos castañas, nuestros abuelos, sentados en el escaño, nos contaban cuentos entre los cuales había alguno de justas y torneos, y nos recitaban romances asturianos, llamados así porque en Asturias se recogieron en gran abundancia y se conservaron con más integridad y pureza que en parte alguna (1).

Publicamos aquí algunos de los que fueron recogidos en Caravia por nuestro inolvidable padre D. Pedro de Llano de Ampudia.

Venganza de honor

Por aquel pradito verde
una doncella camina,
vestida de colorado,
calzado de bota fina.
Con el pie pisa la hierba,
con el calcaño la triya,
con el vuelo de la saya
todas las flores tendía.
Ella mira alrededor
por ver si alguien la seguía.
¡Ay! la sigue un caballero,
traidor que la perseguía.
Él correr y ella correr,
y alcanzarla no podía.

---

(1) Los libros que se leían por la noche en este concejo, eran de vidas de santos y el *Amadis de Gaula;* después, los romances fueron substituídos por las coplas de los ciegos y los libros de los doce pares de Francia.

¡Ay! por fin llegó a alcanzarla
al pie de la fuente fría.
—¿Qué haces ahí, mi niñeta?
¿qué haces ahí, vida mía?
—Voy a casa de mis padres;
ganas de verlos tenía,
a la boda de una hermana
que hoy ya se casaría.
—Nos casaremos los dos,
iremos en compañía.
— ¡Ay! yo casarme no quiero
ni tal intención tenía,
pensaba meterme monja
allá en Santa Catalina.
—Eso no lo quiero yo,
primero te mataría.
La cogió entre los brazos
y en el suelo la tendía;
le cayó un puñal dorado
que en la cintura traía;
fué a cogerlo la doncella,

fingiéndole cortesía;
metióselo por el pecho
y a la espalda le salía.
Con el hervor de la sangre
el caballero decía:
—No te vayas alabando
ni a tu tierra ni a la mía,
que mataste a un caballero
con las armas que él traía.
Estando en estas palabras
llegó la Virgen María.
—¿Qué haces ahí, mi niñeta?
¿qué haces ahí, vida mía?
—Matando a este caballero
con las armas que él traía;
él me quitaba la honra
y yo le quité la vida.
—Hiciste bien, mi niñeta.
Hiciste bien, vida mía;
todas las que hagan así
irán en mi compañía (1).

Angelina de Sevilla

Barcelona, Barcelona,
Barcelona la de arriba
se ha enamorado D. Juan,
de Angelina de Sevilla.
Vino tiempo y pasó tiempo,
ellos casarse querían,
los pícaros de sus padres
sus contratos deshacían.
D. Juan trató de marcharse
por ver si olvida a la niña;
vino tiempo y pasó tiempo
y olvidarla no podía.
Al cabo de los siete años
a Barcelona camina,

a un muchacho encontrara
que de la escuela venía.
—Dime, dime muchachito,
dime, dime por tu vida.
dime si se casó ya,
Angelina de Sevilla.
Mañana se casará,
hoy le dá el sí la niña;
con el galán que se casa
a gusto de ella no iba.
—Prisa, prisa mi caballo,
prisa, prisa que es de día,
cuando se estaban casando,
D. Juan por allí camina,

---

(1)   Este romance tiene variantes que no figuran en *Poesía popular,*
por D. Juan Menéndez Pidal.—Madrid, 1885.

la niña que le sintió
vuelve la cara y mira.....
—Dios quiera que no me goces,
traidor, ni siquiera un día.
Todos marchan a su casa,
con muchísima alegría;
todos comen, todos beben,
y Angelina no podía.
La trataron de sacar
al paseo, la madrina,
y en el medio de la calle
muerta se cayó la niña.
—Dime, dime el ermitaño,
dime, dime por tu vida,
dime dónde está enterrada
Angelina de Sevilla.
—Está frente al altar mayor
junto a Santa Catalina.
—Le voy rezar un rosario
por el amor que le tenía.
Le rezó siete rosarios

sin levantar la rodilla,
y al tiempo de levantarse
llegó la Virgen María.
—Saca tu puñal de acero
que contigo le traías;
saca tu puñal de acero
y alza la losa pa arriba.....
la cogió entre los brazos
y la puso en las rodillas.
—¿Cómo tú me has encontrado,
estando yo tan perdida?
¿cómo tú has olvidado
a quien tanto te quería?
D. Fernando que la vió
por esposa la pedía,
y estando en estas palabras
dijo la Virgen María:
—Goza la niña, D. Juan,
yo para ti la quería;
goza la niña, D. Juan,
para ti la he vuelto a vida.

Doña Rosa

El señor nos dé su gracia,
entendimiento, María,
para poder explicar
una grande maravilla
que sucedió en Barcelona
con un galán y una niña,
porque se querían casar
y sus padres no querían,
porque la tenían mandada
a un mercader de Sevilla.
El galán que tal oyó
a otro lugar se retira,
estuvo allá nueve meses
y olvidarla no podía.

Al cabo de nueve meses
para el palacio camina;
todo lo encontró de luto,
ventanas y celosías.
Arrimada a una ventana
una criada que habia,
—¿Por quién hay luto, señora,
por quién tanto luto había?
—Por mi ama D.ª Rosa,
por mi ama Rosalía,
que la tienen enterrada
en la capilla de San Matías (1).
Vuelve la rienda al caballo,
para San Matías camina (2),

(1-2)   Estos dos renglones no son versos, pero respetamos la forma en que se nos comunicaron.

alllí encontró al sacristán
tocando el Ave-María.
Deténgase el sacristán,
deténgase por su vida
que voy hacer oración
donde yo siempre solía.
Púsose sobre la losa
donde estaba Rosalía.
—¿Quién te mató, blanca flor?
¿quién te mató, vida mía?
quien a ti te dió la muerte
a mí me quitó la vida.
Entre estas palabras y otras
sacó un puñal que traía
para matarse con él

y echarse en su compañía.
Al tiempo de dar el golpe
la mano le detenían.
—¿Quién es el que me detiene
y el que a mí me detenía?
—Era la Virgen, D. Juan,
era la Virgen María
a quien tienes ofrecido
un rosario cada día.
—Desde aquí le ofrezco dos
si resucita la niña.
¡Válgame Nuestra Señora,
válgame Santa María,
que resucitó la niña
muerta de cuarenta días! (1).

De un romancillo religioso que nos recitaba nuestra madre D.ª Venancia Roza de Valle, en nuestra niñez, y que no hemos visto publicado, recordamos este fragmento:

Allá arriba hay un portillo·
nunca lo he visto cerrado,
por allí pasó la Virgen
de vestido colorado;
el vestido que traía
lo traía todo manchado,
que lo manchó Jesucristo
con la sangre del costado ....

Cantares

En Caravia se canta en castallano como en el resto de la provincia; y el que en Asturias existan pocas canciones en *bable,* quizá obedezca a la pobreza de nuestro dialecto. Cuando la musa de algunos poetas tropieza con esta falta de riqueza léxica, aplican a sus

---

(1)   Estos dos romances son variantes de los publicados por D. Juan Menéndez Pidal en *Poesía Popular,* pág. 221. Madrid, 1885, y por D. Marcelino Menéndez Pelayo en *Antología de poetas líricos castellanos,* tomo X, página 136. Madrid, 1900, con el título de *Amor eterno.* Y según este autor, tienen remota analogía con el de *Romeo y Julieta.....*

producciones un *bable* allegadizo, poniendo en la boca de nuestros campesinos palabras que jamás pronunciaron porque no existen. Y al *querer enriquecer el bable con voces nuevas,* no hacen más que quitar a la poesía asturiana el encanto y la gracia que realmente tiene y que a veces expresa una idea con menos palabras que en castellano.

Hemos recogido en este concejo una hermosa colección de canciones, entre las cuales figuran algunas de cuna:

Duerme, fiu, duerme,
duerme, mio nenu,
que vas despertar
al probe to güelu.
¡Ea! ¡ea! ¡ea!
Yo no soy tan fea,
si lo soy que lo sea,
¡ea! ¡ea! ¡ea!

Ora, mio nenin, del ron, ron,
que tu padre está en Xixón,
y tu madre na Goleta,
¡eta! ¡eta! ¡eta! ¡eta!
Duerme, nenu, duerme,
que viene el coco,
para llevarse los niños
que duermen poco.

Cuentan que una vez un vecino de Loroñe, lugar próximo a Caravia, tenía que ir a pasar unos días al puerto Sueve y por causa de la nieve no pudo ir. Otro vecino, según convenio, a las doce de la noche llamó a la puerta de la casa de aquél y despertó a un niño que dormía en la cuna. Entonces, la madre comenzó a cantar, al mismo tiempo que *aniaba:*

El que está a la puerta,
que vuelva mañana,
el padre del nenu
non fué a la montaña.
Y a la ron, ron, ron,
márchate, cocón.

—Tras, tras.

Arriba, en el monte,
cayó mucha nieve,
y el padre del nenu

non fué al puertu Sueve.
Y a la ron, ron, ron.....

—Tras, tras.

Si no lo entendiste
entiéndelo ahora,
está el padre en casa
del nenu que llora.
Y a la ron, ron, ron,
márchate, cocón,
que está aquí el papón.

Simbólicos

Tirásteme de la trenza
del mandil, y no cayó,
murmuradora del pueblo,
¿Qué ganancia te quedó?

No me tires de la trenza
del mandil, para que caiga,
que aunque soy niña chiquita,
tengo mi palabra dada.

Perdila, galán, perdila,
la llave del corredor,
y por bajar a buscarla
también perdí la color.

Ay de mí que la perdí
la gracia de cantadora
ay de mí que la perdí
nel monte siendo pastora.

Namoreme, namoreme,
nunca yo me namorara;
cayóme la rosa en río,
llevóme la flor el agua.

Epigramas

Cómo quieres que te quiera,
galán y que te regale,
si de la cama en que duermo
tiene la llave mi padre.

En la fiesta de los Duesos
te presentaste muy vana;
la cotilla no era tuya
y la saya era prestada.

Desayá que vas y vienes
a la iglesia a confesarte,
y no me pides perdón
de lo que me levantaste.

Tengo la palabra dada
publicada por la iglesia,
y tengo el amor en otro...
el Señor me dé paciencia.

Tienes una chamuscona,
San Antonio te la guarde,
aunque vayas a la siega
no te la corteja naide.

La Virgen de Covadonga
tiene corredor y sala,
también tiene su retiro
donde se pela la pava.

Camino de Covadonga
es camino muy alegre,
iba una monja y un fraile
a caballo en una liebre.

Poco te sirve tener
cama de siete colchones,
si no te dejan dormir
penas e imaginaciones.

Nada tienes que decirme,
ni nada que echarme en cara,
soy tan buena como tú
y un poquito más salada.

Cuando me cortes la saya,
cortarásmela andadera,
que se me vea por bajo
el calado de la media.

Anoche me acosté tarde,
temprano me levanté,
encontré la ropa junta
porque no me desnudé.

Dices que vas a mi casa
por echar tiempo y saber,
yo también estoy contigo
cuando no tengo que hacer.

Una vez la ví subir
más alto que al cielo llega,
y después la ví bajar
más humilde que la tierra.

Creíste con tus palabras
ablandarme como cera,
yo soy de una calidad
que el mismo calor me hiela.

Esta noche no ha de ser
noche como la pasada,
que me arrimaron la cesta
y cuesta mucho llevarla.

Tú me escribiste una carta,
en ella m' enviaste celos,
por ahora no soy tuya,
malos principios tenemos.

A cantar quieres ganarme,
querida, vas engañarte,
bien puedes tomar la quina
con perejil, y amolarte.

Primero que yo sea tuya
y tu mandato obedezca,
has de romper cuatro pares
de zapatos, a mi puerta.

No te mires al espejo
que yo te diré quién eres;
para ser hija de un pobre
vanidad bastante tienes.

El quererte y regalarte
eso sí que es de mi gusto,
pero casarme contigo
eso no, que cuesta mucho.

Llamásteme pera podre,
y tú naranja podrida,
la pera podre se come
y la naranja se tira.

Entendí que era yo sola
la que en tu pecho moraba,
ahora veo que eres fuente
donde todos van por agua.

Algún día, fuente clara,
en tí me lavaba yo
ahora ya no me lavo,
que la fuente se secó.

Dime, casadina nueva,
cómo te va de casada;
de soltera, saya nueva,
de casada, remendada.

Si te quise o no te quise
yo a nadie lo dí a entender;
pero por tu mala lengua
todo se vino a saber.

Con los rapaces de ahora
poquita conversación,
porque se van alabando
de cositas que no son.

Si media luna cayera
y con ella dos mil reales,
pagábamos la dispensa,
que somos primos carnales.

Yo caséme y cautivéme,
cambié la plata por cobre,
ahora estoy convertida
en moneda que no corre.

No te miro p'al chaleco
ni tampoco pa la vuelta,
sólo te pido, mocoso,
que me vuelvas la respuesta.

Vas alegre porque llevas
la palabra de mi padre,
no te llevando la mía
no te llevas la de nadie.

Los cantares que cantaron
el domingo na Calvera,
nadie los tome por suyos
que son venidos de fuera.

Dulcísimo Sacramento,
¿dónde vas tan de mañana?
voy visitar un enfermo
que está malito en la cama.

Virgen de Consolación,
muy de veras te lo pido,
que no vuelvo a visitarte
hasta que tenga marido.

Virgen de Consolación
garganta de coral fino,
quien pudiera acompañarte
legua y media de camino.

En Caravia nací yo,
en Caravia morir quiero,
porque dicen que Caravia
está cerquita del cielo.

El lugarín de Caravia,
de lejos, parece villa,
tiene un clavel a la entrada
y una rosa a la salida.

Si yo tuviera una gaita
con la caña de cerezu,
yo la tocara en Carrales,
que se oyera en picu Pienzu.

La cuesta del picu Pienzu,
mi Dios, ¡quién la subirá!
las mocitas de Caravia
con mucha serenidad.

Esta noche, si Dios quiere,
y la salud no me falta,
tengo dir ver á una niña
que vive en Caravia la Alta.

Entendí que era Rosaura
la que canta en la Calvera;
¡ay de mí que me engañé,
que era la graya de Vega!

El que quiera buena moza,
delgadita y de buen talle,
que se vaya a la Calvera
el domingo por la tarde.

Carretera la del Fitu,
cuando yo te paséaba,
toda la noche llovía,
pero yo no me mojaba.

Malhaya sea la borrina
que arrima al puerto de Sueve,
y no traigo el capotillo
para taparte, si llueve.

En Colunga ya no hay rosas,
se secaron los rosales,
sólo los hay en Caravia
rositas y clavelares.

Amorosos

Desayá que vas y vienes,
subes y bajas la cuesta;
ya la tienes merecida
aunque fuera una princesa.

No quiero más ventanilla
correspondiente a mi cama,
que me tengo de morir
y no tengo más que un alma.

Entra, galán, y no temas
la claridad de la luna,
que el ala de mi tejado
hace sombra y disimula.

Desde tu casa a la mía
hay una larga cadena,
toda llena de suspiros,
de suspiros toda llena.

Esta noche rondo yo,
mañana ronde quien quiera,
esta noche rondo yo
los ojos de mi morena.

No piques a mi ventana,
que es de vidrio y romperá,
aunque tú no me la rondes
otro me la rondará.

Algún día bien te quise,
y ahora que te olvidé,
el amor que te tenía
por donde vino se fué.

Dices que mi amor es feo
porque es morenito un poco,
debajo de las estrellas
para mi gusto no hay otro.

Dices que me quieres tanto,
tendrásmelo merecido,
que no se mueve la hoja
del árbol en sin motivo.

A deshora de la noche
ví una luz en tu ventana,
contra el compañero dije:
tarde se acuesta mi dama.

Está la luna turbada,
la turbó el aire gallego;
esta noche ha de pasar
por tu puerta un forastero.

Encima de tu tejado
está la luna parada,
que no la deja pasar
la hermosura de tu cara.

Bien te vi pasar anoche
con la montera calada,
pero bien te conocí,
que estaba la noche clara.

Aunque vivo en este monte
donde la borrina posa,
no voy a la tu panera,
galán, por ninguna cosa.

Yo no sé qué cantaré,
todo se me ha olvidado;
sólo tengo en la memoria
que eres un cielo estrellado.

A tu puerta estuve anoche.
tres veces te la rondé,
mira si te quiero bien
cuando no te desperté.

Si tienes el pelo rubio
no lo cambies por lo negro,
que así lo tenía Jesús
cuando era niño pequeño.

Ay de mí que no puedo irme,
tu hermosura me detiene,
tus enamorados ojos
y tu garganta de nieve.

Sale, luna, sale, luna,
tu serás mi compañera,
tengo la palabra dada
a una rapaza soltera.

Por tí, morena graciosa,
me acuesto cuando la luna,
y con todo mi desvelo
no puedo lograr fortuna.

De la puerta de mi cuarto
tiene mi padre la llave,
tengo el amor forastero
y fácilmente la abre.

Yo si salgo a la foguera
no voy a la romería,
que no me dejan mis padres
andar de noche y de día.

Todos tus modos son buenos,
pero lo que más me agrada
es el mirar tan sereno
que tienes, prenda del alma.

Triste está mi corazón,
triste está y no sé que tiene,
¡ay de mí que no está aqui
el que consolarme puede!

Si te encuentro por la calle,
hablaréte si es preciso,
pero a mi casa no vayas,
mira, galán, que te aviso.

Válgame Dios quien tuviera
una sala bien tillada,
para recoger amores
que me pidieron posada.

Los ojos de aquel galán,
Santa Lucía, guardailos,
y si no son para mí,
venid, cuervos, y sacailos.

Tengo de pasar á verte
esta noche, aunque nevara,
con la mi mano en sombrero
y otra mi mano en la espada.

Tú dices que por mi causa
tienes los ojos caídos;
álzalos, prenda del alma,
que yo bajaré los míos.

Este cantar es hermosísimo. Con qué delicadeza el galán trata de elevar sobre él a la mujer que ama:

álzalos, prenda del alma,
que yo bajaré los míos.

Finalizamos con esta cancioncita que cantaban antaño los mozos en las noches de ronda:

Oh, qué corrillo de mozos,
la ronda vienen cantando;
¿en dónde nos meteremos
que no nos cojan hablando?
Oh, qué ventana tan alta,
oh, qué vasito de nieve,
oh, qué niña tan bonita,
dichoso del que la lleve,
dichoso del que la lleve
de tan altos corredores.
Oh, qué niña tan bonita
que roba los corazones.

COSTUMBRES

Es la víspera de la fiesta del pueblo y va a empezar la *foguera* delante de la iglesia de Nuestra Señora de la Consolación o de la de Santiago; allí está depositada el árgoma que han bajado los hombres, del monte.....

Los caravienses terminaron de rezar el rosario en la iglesia, y mientras empieza el baile del pandero, algunos jóvenes forman corros animados, y al mismo tiempo que marcan unas mudanzas preparan *les tarrañueles* haciéndolas sonar suavemente para ver si están bien ajustadas a los dedos; otros hacen combinaciones para tomar parte en la danza prima, y no falta quien se destaque del grupo para ir al encuentro de su novia, cantando:

> ¡Señor San Pedro!
> Esta noche en la foguera
> te diré cuánto te quiero.....

Ya está ardiendo el *rozu* en el centro de la plazuela; van creciendo las llamas y la bulliciosa chiquillería salta por encima de ellas; el sacristán lanza al espacio dos o tres cohetes que ascienden perezosamente y *españan* con menos fuerza que una castaña *verdial* en el *magüestu*.....

..... Suenan unos golpes de pandero y la tocadora entona la primera copla:

> He tenido atrevimiento
> de coger la pandereta,
> como aquel que coge un libro
> sin conocer una letra.

y los mozos bailan de espalda al fuego de la hoguera para que las ondulantes llamas iluminen los rostros de las bailadoras y poder recrearse en su hermosura.....

Y mientras bailan la mudanza, el ritmo adquiere un aire bastante movido, aminorando y dulcificando la acentuación rítmica, mientras la cantadora canta:

> Ahora que sale, sale,
> hasta ahora no ha salido
> aquella rosa encarnada
> como clavel encendido.

agregando al final de cada cuarteta una especie de *coda,* que no es más que la repetición del primer verso de la copla, con una pequeña variante en su parte musical.

Cuando sale a bailar una amiga de la cantadora, ésta entona una copla de alabanza:

> Ahora tengo que dar
> un golpe más que solía,
> porque ha salido a bailar
> el garbo y la bizarría.

—¡Viva quien baila!.....

> Si toco la pandereta
> la toco porque yo quiero,
> porque yo los mis amores
> en el baile non los tengo.

—¡Viva Caravia!
—¡Viva Colunga!

> Ahora tengo que dar
> un golpe más al pandero,
> porque parece que va
> el baile tomando vuelo.

Y los mozos, con las manos en alto sonando las castañuelas, tejen hábilmente las mudanzas, y la tañedora entona coplas y más coplas:

> Tengo un clavel a remojo
> para ti, Manuel querido;
> a todos los abandono
> para darte mi cariño.

—¡Duro a *les tarrañueles!*

> Esta tonada y no más,
> y con esta, fuera, fuera,
> que no me crió mi madre
> para ser panderetera.

—¡La gallegada; ahora venga la gallegada!—dicen los bailadores.

Cambia la frase musical y la tañedora canta:

> Ramo, ramo, ramillete,
> ramillete de claveles,
> que me le ha dado mi novio,
> qué bonito, qué bien huele...

Y en cansando de bailar la gallegada, los bailadores organizan la giraldilla (baile «alrededor» le llaman en Caravia), la cual consta de dos partes, que se diferencian melódicamente por su independencia musical. Durante la entonación de la primera parte, los mozos permanecen dentro del círculo mientras las mozas giran cogidas de las manos al mismo tiempo que cantan:

> Amores he tenido
> y amores tengo,
> a ninguno he querido
> y a ti te quiero.

Terminada de cantar la copla, se deshace la rueda y los mozos rompen a bailar con las mozas, cantando todos:

<table>
<tr><td>

En el corredor
me puse a peinar;
vino un galán a verme
y se puso a llorar.
—Dime, galán del alma,
tú ¿por qué lloras?
—Lloro porque te quiero
y otros te adoran.
—Eso, galán del alma,
no importa nada,
estate con mis padres

</td><td>

por ver qué te hablan.
—Con tus padres ya estuve
ayer en la cocina,
lo primero que han dicho
que aún eres muy niña.
—Que sea niña o no sea
contigo he de casar.
—Dáme la mano, niña,
nos vamos a pasear;
dáme la mano, niña,
hasta la orilla del mar.

</td></tr>
</table>

En algunos pueblos, al terminar de cantar los últimos versos, los bailadores se cogen por la cintura y giran aceleradamente. En Caravia, la giraldilla la bailan suelta, dándole un carácter más serio que el que tiene en otros concejos.

Para fin de fiesta, bailan el *baile de la raposa;* baile que puede ser vestigio de costumbres de los tiempos remotos; mozos y mozas forman un círculo y giran al son del pandero, tocado por una moza o mozo, que está en el centro cantando:

Tengan cuidado, señores,
la raposa está rabiada;
alguno de estos mocitos
puede quedarse sin dama.

Al final de la copla se deshace el círculo; las mozas corren de un lado a otro riendo y gritando; los mozos las persiguen para cogerlas, y el que queda sin pareja pasa al centro del círculo, que organizan nuevamente, a tocar el pandero y a cantar:

Tengan cuidado, señores.....

La danza prima

Vamos hacer una danza
al pie de esta nozalera;
a la orilla de este río,
quien tenga sede que beba.

Y enlazados los danzantes por el dedo meñique, formando

círculo y girando lentamente al compás del canto, ejecutan la célebre *danza prima* asturiana.

No es este lugar para estudiar el origen de la danza, que es remotísimo, ni para discurrir acerca de su carácter.

«—Si alguna reliquia de los cantos proto-históricos puede rastrearse, estará acaso, no en las palabras ni en los sones que se han extinguido hace muchos siglos, sino en los acompasados movimientos de ciertas danzas de carácter muy arcaico, como la llamada *prima* en Asturias, que sirve hoy para acompañar a los romances y otros géneros populares, pero que puede ser vestigio de costumbres mucho más antiguas.» (1).

Nosotros hemos «rastreado» entre las pinturas rupestres para ver si hallábamos vestigios de esta danza. En la composición pictórica de *Peña Tú,* en el concejo de Llanes, aparece un grupo de siete figuras humanas estilizadas, que «representan una danza ritual»; seis de ellas están en actitud de danzar, dirigidas por el personaje principal del grupo, el cual tiene un báculo en la mano (2).

Esta danza o baile, en nada se parece a la *danza prima,* pero es muy de advertir, que en el concejo de Llanes, bailan un baile especial llamado *el pericote,* en el que los bailadores están dirigidos, como los danzantes de *Peña Tú,* por una persona principal por su ancianidad y por sus conocimientos sobre aquel baile, el cual pudiera ser un vestigio de las danzas que ejecutaban los habitantes de aquella comarca, en «la primera edad del metal o al final del neolítico», ante el ídolo de *Peña Tú.*

D. Ceferino Rocafor, descubrió en la gruta de *Cogul,* provincia de Lérida, un grupo de pinturas rupestres que representa nueve mujeres bailando delante de un hombre; algunos creen ver en esto una «danza destinada a celebrar el acto procreador.» (3).

---

(1) *Antología de poetas líricos castellanos,* por D. Marcelino Menéndez y Pelayo. Tomo XI, pág. 50. – Madrid, 1903.

(2) *Las pinturas prehistóricas de Peña Tú,* por Eduardo Hernández Pacheco y Juan Cabré. Con la colaboración del Conde de la Vega del Sella. —Madrid, 1904.

(3) Rocafor. *Les pintures rupestres de Cogul. Butlletí del centre Excursionista de Catalunya,* Marzo 1908. *Historia de los heterodoxos españoles,* por D. Marcelino Menéndez y Pelayo. Tomo I, pág. 149. Madrid, 1911. *Figuras humanas masculinas de Alpera y Cogul,* por Ismael del Pan y Paul Wernert.

En Cabrales (Asturias), bailan el *corri corri,* seis mujeres delante de un hombre, al son de una sartén y de un tambor muy raro; el hombre huye de ellas bailando, las cuales le cercan, le persiguen.....

Si los autores que se ocuparon de las pinturas de la gruta de Lérida, buscando comparaciones con pueblos extraños, hubieran co-

Fig. 62.--Carrales (Caravia la Baja).

nocido el singular *corri corri,* acaso dirían que éste es lo mismo que la danza prehistórica de *Cogul.*

Por ahora, entre las pinturas rupestres no aparecen vestigios de la *danza prima;* y si el *pericote* y el *corri corri* son supervivencias de la danza de *Peña Tú* y de la de *Cogul,* danzas que pertenecen al período neolítico, resulta que el baile de Llanes y el de Cabrales son muchísimo más antiguos que la *danza prima.....*

Homero nos habla de la danza griega que formaban

asidos de las manos,
tiernas doncellas y ágiles mancebos.

en la cual los hombres llevaban

> En tirantes de plata suspendidos,
> cortos estoques de oro. Y unas veces,
> a la redonda en anchuroso cerco,
> danzaban todos..... (1).

Esta danza es parecida a la danza asturiana, salvo que aquí los hombres llevan, en lugar de estoques de oro, sendos garrotes de duro y nudoso acebo, o palos de ligero y flexible avellano, porque, antaño, siempre la *danza prima* acabó en paliza (2).

Esto, sin duda ha dado lugar a que algunos autores atribuyan a la danza carácter guerrero, mientras otros, teniendo en cuenta las invocaciones a la Virgen y a los santos (que muchas veces es el estribillo del romance que se canta) y los tonos de la música en que

---

(1) *La Iliada*. Traducida del griego al castellano por D. José Gómez Hermosilla, tomo II, libro décimoctavo, pág. 231.—Madrid, 1907.

(2)   Con fecha 12 de Enero de 1775, el Regente de la Audiencia de Oviedo dictó una Providencia prohibiendo las danzas; dice que, «a cualquiera romería afifta precisamente uno de los Jueces del Concejo, Jurisdicción o Coto donde se celebrase..... y no toleren que ninguna perfona de cualquier eftado, fexo o condición, que afifte a la Romería, lleve Palo, Bargano u otra arma ofenfiva, pena de cuatro ducados, y quince días de cárcel por la primera vez, por la fegunda pena doblada, y por la tercera de que fe dará cuenta a la Sala para tomar la providencia correspondiente, además de la multa de cinquenta ducados»..... Archivo de la casa del autor. Legajo III, núm. 13.

Y en el siglo pasado, cuando los asturianos residentes en Madrid se reunían en la Pradera del Corregidor, cerca de la Fuente de la Teja para bailar la *danza prima,* los vivas no eran dados a éste o a aquel concejo; era el grito de ¡viva Asturias!, contestando al viva de otras regiones. Y era tal el número de palos que los astures descargaban sobre los mozos de aquellas comarcas, que el 23 de Junio de 1803, el rey D. Carlos IV firmó un bando prohibiendo la *danza prima* a los asturianos residentes en la Corte.

El documento, que es la Ley XVIII, Libro III, de la Novísima Recopilación, dice que los asturianos «..... se juntan en cuadrillas, con palos o estacones, a bailar la *danza prima,* en el prado que llaman del Corregidor, inmediato a la Fuente de la Teja, de que resultan quimeras, alborotos, heridos y otros escándalos, se prohibe que en cualquier día o noche se junten en cuadrillas los asturianos u otras personas con palos o sin ellos, así en el citado prado del Corregidor como en otro paraje de las afueras de esta Corte, con el motivo de tener el baile de la *danza prima* ni otro alguno..... pena de que al que contraviniere, se le destinará irremisiblemente por seis años a uno de los presidios de África y se le tratará como perturbador de la tranquilidad pública.»

se engarza el verso, parecidos a los del canto litúrgico, consideran que la danza tuvo carácter esencialmente religioso.

En Asturias, la danza se hacía muchas veces en doble rueda: dentro de la de los hombres estaba la de las mujeres; otros días formaban éstas danza aparte porque el cura les prohibía danzar mezcladas con los hombres; pero de esto no hacían mucho caso.

Los caravienses organizaban la danza en la Calvera o en la Bolerina, acompañada con romances, entre los cuales figura, como en todos los pueblos de Asturias, el de *El galán de esta villa:*

—¡Ay! un galán de esta villa,
¡Ay! un galán de esta casa;
¡Ay! él por aquí venía,
¡Ay! él por aquí pasaba.
—¡Ay! diga lo que él quería,
¡Ay! diga lo que él buscaba.
—¡Ay! busco a la blanca niña,
¡Ay! busco a la niña blanca,
La que el cabello tejía,
La que el cabello trenzaba,
Que tiene voz delgadina,
Que tiene la voz delgada.
¡Ay! que no la hay n'esta villa,
¡Ay! que no la hay n'esta casa,
Si no era una mi prima,
Si no era una mi hermana.
¡Ay! del marido pedida,
¡Ay! del marido velada.
¡Ay! no os caséis, amiga,
¡Ay! no os caséis, amada.
¡Ay! cogióles Catalina,
¡Ay! cogióles ora Juana,
De las que'l rosal tenía,
De las que'l rosal llevaba,
Cuatro y cinco en una piña
Cinco y cuatro en una caña.
Un amor que yo tenía,
Un amor que yo le amaba.
¡Ay! la tiene allá en Sevilla,
¡Ay! la tiene allá en Granada,
¡Ay! bien qu'ora la castiga,
¡Ay! bien que la castigaba,
¡Ay! con varillas de oliva,
¡Ay! con varillas de malva,
Allá por Pascua florida,
Allá por Pascua granada,
Él se fuera y no volvía,
Él se fuera y no tornaba.....
¡Ay! que su amigo la cita,
¡Ay! que su amigo la aguarda,
¡Ay! el que le dió la cinta,
¡Ay! el que le dió la saya.
¡Ay guya la delgadina,
¡Ay! guya la tan delgada.
Al pie de una fuente fría,
Al pie de una fuente clara,
Que por el oro corría,
Que por el oro manaba,
Donde canta la culebra,
Donde la culebra canta.
Ya su buen amor venía,
Ya su buen amor llegaba,
Por donde ora el sol salía,
Por donde ora el sol rayaba.
¡Ay! la niña estaba encinta,
¡Ay! la niña encinta estaba,
¡Válgame el Señor San Pedro,
Válgame la Virgen Santa! (1).

---

(1) Recitado por Florentina González *(la del Molín),* de 79 años de edad. Este romance tiene numerosas variantes.

Dice D. Marcelino Menéndez y Pelayo, en *Antología de poetas líricos*

Romances y coplas eran entonados por los mejores cantantes, siendo contestadas sus estrofas por el coro general que repetía siempre el mismo estribillo.

Poco antes de finalizar la danza, las mujeres entonaban canciones de *pique,* las cuales eran un conjunto de indirectas que enardecían los ánimos de los hombres, y empezaban los vivas y mueras a Caravia, Piloña, Colunga, Parres y Ribadesella, dados por los mozos de estos pueblos, al mismo tiempo que cantaban:

> ¡Válgame el Señor San Pedro!
> El que quiera llevar palos
> salga del corro ligero.

Y contestaban las mujeres:

> ¡Trae un palo de avellano,
> mientras que dure no hay miedo!

Ellos.

> ¡Válgame el Señor San Pedro!
> Contra el palo de avellano
> pongo yo el mío de acebo.

Ellas.

> ¡Contra el palo de avellano
> ponen el suyo de acebo!

El grupo contrario.

> ¡Válgame la Magdalena!
> Han de quedar con el campo
> los mozos de aquesta vera.

Ellas.

> ¡E verdá, e verdá,
> *cuerren* sin mirar p'atrás!

---

castellanos, tomo XI, pág. 101, Madrid, 1903, «que el famoso romance asturiano de *El galán de esta villa,* que sirve para acompañar la *danza prima,* presenta un ejemplo, singular, según creemos, de asonantes encadenados, es decir, de romance doble; pero no parece que su letra sea muy antigua».

Los vecinos de Caravia la Baja celebran sus bailes en el parque de Sotura, el cual inauguramos los caravienses el 27 de Julio de 1918.

Y los mozos, en medio de fuertes *ijujús,* empujaban sobre los costados descomponiendo la danza hacia el lado más flojo, dando esto lugar a tremendas palizas entre los mozos de unos y otros pueblos.

Los mejores *palistas* venían de los pueblos transmontanos como Parres y Piloña; la pelea era por grupos colocándose los amigos espalda con espalda, y peleaban confiados en que a nadie se le ocurriría emplear otra arma que el palo.

Hoy, suavizadas las costumbres, entran en la danza hombres y mujeres, jóvenes y viejos, ricos y pobres; y asidos de las manos giran al son de la copla:

> ¡Válgame Santa María!
> En toda Caravia la Alta
> no hay moza como la mía...

La cuayada. Carreras a pie

Cuando se coge el trigo, el último día de la *coyida* se coloca un joven en cada extremo de la *estaya* final, y avanzan cuanto pueden en el tajo para ver cuál de los dos sale primero de él y gana la *cuayada.* Pero la impaciencia les hace adelantarse, y en un momento dado, emprenden veloz carrera para coger la última espiga; al cogerla, emiten un *ijujú* vibrante, y con el brazo alzado, mostrando en su mano el dorado fruto, retornan ligeros para echarlo en una macona conducida a toda prisa por dos mozas que salen corriendo al encuentro de cada uno de los jóvenes para facilitarles el triunfo. El que primero coge la espiga, y la echa en la macona, gana la *cuayada.*

Antiguamente, en los concejos de la costa de Asturias, después que el pueblo terminaba la recolección del trigo, celebraba carreras a pie, entrando solamente en la lid los que habían ganado la *cuayada* sobre la *estaya.*

Entre las poesías asturianas publicadas en 1839 por el Sr. Caveda, hay una muy hermosa y brillante, titulada: *La vida de la aldea,* que describe las carreras a pie diciendo:

Como llozanos potros desbocados
Q' el vientu corten sin tocar l' arena,
Unos tras d' otros van precipitados;
El pechu francu, suelta la melena;
Los brazos fasta el codu remangados,
Del triunfu y la esperanza l' alma llena,
Sin zapatos, sin calces, sin ropía,
Más llixeros que cuete en romería.

Nube de polvu entonces se llevanta,
Y n'ella envueltu el mozu que ya espera
Con fartu empeñu y con lliviana planta
El términu tocar de so carrera,
Cede y s' atrasa al otru que se llanta
Metános xunto a él y lu supera,
En piernes y en alientos, y la grita
Y les palmades del que mire excita.

Y allega más forzudu y más arteru,
Sudorientu, llivianu, espolvoriadu,
A tocar e nos teyos el primeru,
Y allí mismo por todos declaradu
Ye el rey de la coída, y gayasperu
Recibe de les manes d' una ñeña
Del vencimientu la esperada enseña...

«La esperada enseña» consistía en una *cuayada* que entregaba al vencedor una hermosa joven. ¿Cuál será el origen de esta «enseña?» (1).

Correr el gallo. Matar a los judíos

Los niños que van a la escuela, entregan cada uno al maestro,

______

(1)   En Grecia, las fiestas de Baco, en tiempo de la vendimia, termina ban con carreras a pie, en las cuales el vencedor recibía como recompensa un vaso de vino lleno hasta el borde. *Historia de los griegos,* por Víctor Duruy, traducida por Enrique Leopoldo de Verneuil, tomo II, pág. 21. — Barcelona, 1890.

Y entre los ritos con que Ceres quiso ser honrada en Eleusis, figuran las carreras sacras y las ofrendas de espigas que los iniciados depositaban a los pies de la diosa.....

diez o quince céntimos para comprar el gallo que han de correr el «domingo el gordo» en el prado de la Hermita.

A las tres de la tarde el maestro ordena que se suelte el gallo, y entre risas y gritos, los niños se lanzan tras de él en carrera loca hasta que la fatiga les rinde y el ave se cansa.

Antiguamente, después de correr el gallo, le colgaban, vivo, de un roble, cabeza abajo, vendaban los ojos a un niño, le hacían girar varias veces sobre sus pies y le entregaban una *espada* de madera para que con ella le cortara la cabeza. Como al tiempo de girar perdía la orientación, solía dirigirse en sentido contrario al gallo dando al aire golpes de *espada,* resultando un espectáculo muy divertido. Después de este chico iba otro y así sucesivamente hasta que uno acertaba a cortarle la cabeza.

Este espectáculo, nada culto, se suprimió el año 1884, y como última vez, los rapaces compramos dos gallos que «corrimos» y decapitamos en el prado de Cutre. En la actualidad, después de «correr el gallo» se rifa entre los niños.

No hemos podido averiguar el origen de esta diversión; tal vez sea un juego menor de Grecia, o acaso greco-romano.

El día de jueves Santo, para *matar a los judíos,* iban a la iglesia los mozalvetes y los hombres provistos de sendos *bárganos* de roble, y la gente menuda llevaba matracas y *ronquielles.*

Al empezar los maitines, los que llevaban *bárganos* formaban una circunferencia en el centro de la iglesia, y cuando el sacerdote apagaba la última vela, para *matar a los judíos,* se ponían de rodillas y empezaban a descargar fuertes golpes sobre las losas de la iglesia, hasta que los palos quedaban hechos astillas. Esta costumbre fué suprimida hace doce años (1).

---

(1) Todos los que se casan en Caravia, sin distinción de clases, están obligados a conservar durante un año las portillas de las erías de las dos Caravias, cada cual la del lugar en que se casa. Y cuando un juez, en el año 1773, quiso quebrantar esta práctica del derecho consuetudinario, haciendo saltar el turno, el perjudicado reclamó, y la Audiencia dictó sentencia diciendo «..... que en razón del asumpto que se menciona de la portilla, os arregléis y guardéis la costumbre que se expresa, pena de diez mil maravedís para la Cámara de S. M.»—Archivo de la casa de D.ª Emilia Argüelles de Argüelles. MS. Legajo V, núm. 21.—Caravia.

Fig. 63.—Niños caravienses bañándose en el pozo de la Coria.

Los devotos

El día de año nuevo se reúnen las mozas en una casa del pueblo para *echar los devotos* (los estrechos); en medio de gran algazara, discuten la edad que han de tener las personas para entrar en el sorteo; a veces acuerdan que entren los jóvenes de 14 años de edad, pues debido a la emigración no hay mozos para todas y echan mano de los rapaces; y para disminuir el número de *devotas* no entran en el sorteo las menores de 17 años.

El día de Reyes, por la tarde, el *devoto* va a buscar a la *devota* a su casa y la lleva al baile que se celebra en el sitio de costumbre, al son del pandero.

Al obscurecer, entonando juntos dulces canciones del país, emprenden el camino hacia casa; los padres de la *devota* invitan al joven a cenar y éste regala a la joven un pañuelo de seda, recibiendo él de manos de ella una camisa de lino.

Los jóvenes que tienen relaciones amorosas, el día de los *devotos,* prescinden de ellas para dedicarse a la persona que les haya tocado en suerte; sería muy mal visto que alguien faltara a esta costumbre, la cual va desapareciendo poco a poco.....

El fornau y el magüestu

Delante de la puerta de una casa elegida de antemano, está depositada la pila de árgoma que los rapaces han bajado de Peñablanca o de Busmartín para caldear el horno. Varias mozas, sentadas en la cocina, preparan las castañas; poco a poco van llegando los invitados y después de reunidos, rezan el rosario mientras que un rapaz caldea el horno y pone en él castañas, nueces y avellanas. Entretanto que cuecen aquéllas y torran éstas, los ancianos entretienen la velada contando cuentos.....

En medio de la algazara juvenil, se quita el *tayu,* de la boca del horno; la fruta, arrastrada con un *angazu* va cayendo en una cesta y de ella la van sacando para comerla acompañada con sidra, que luego pagan a descote entre todos los hombres.

Después empieza el baile del pandero, el cual dura hasta la media noche.

El *magüestu* se hace en el campo y consiste en colocar castañas sobre árgoma u otro combustible, al que se le pega fuego y con un palo las revuelven para que reciban el calor uniformemente.

Son muy originales los *magüestos* que organizan los mozos los domingos en la falda del monte o en un prado bañado por el sol y al abrigo del viento. Allí acuden las mozas, y después de obsequiarlas con castañas y sidra, cantan y bailan alrededor del *magostal*.

¡Cuánto nos hemos divertido en estas jiras campestres!

Otra clase de *magüesto* era el que hacían los mozos cuando salían de la fila o de cortejar, a las doce de la noche; al atravesar los castañedos, se les ocurría coger castañas de la *parra* o del *güertu* de algún vecino y *magostarlas* con la árgoma que cubría los *oricios*.

El resplandor de la hoguera, las chispas que cruzaban por entre las desguarnecidas ramas de los árboles, el tiroteo originado por el vapor de agua que se formaba en el interior de algunas castañas haciéndolas estallar, y los mozos girando en torno de la hoguera armados de sendos garrotes, componían una escena fantástica.

Y más de una vez, cuando habían sacado las castañas del fuego y se disponían a comerlas, surgía de entre los árboles otro grupo de mozos dispuestos a quitárselas, por lo cual se originaba una paliza, sin más consecuencia que algún chinchón; el grupo vencedor se alejaba del *magostal* cantando:

> ¡Señor San Pedro!
> Les castañes del magüestu
> las comerás si yo quiero.

Entierros

Cuando fallece una persona, va el cura y todos los vecinos del pueblo a la casa mortuoria, al obscurecer, a rezar el rosario; varios individuos pasan la noche «velando al muerto», no en la forma que se hacía antes, bebiendo aguardiente, contando cuentos de aparecidos, hablando del reparto de la herencia del difunto si era rico o de las deudas que dejaba si era pobre.

No hubo en Caravia, como en otros concejos de Asturias, plañideras para que fueran llorando detrás del cadáver; éste, después de envuelto en el *sábanu* de lino, era conducido en andas, cubierto con un paño, excepto la cara que, algunas veces, iba al descubierto y otras tapada con la Bula; camino del cementerio había puntos fijos llamados «posa de andas» donde colocaban la caja mientras rezaban el responso.

Más tarde, la iglesia, hizo una caja cerrada para conducir los cadáveres; y en las casas pudientes había una o dos cajas preparadas para cuando ocurriese alguna defunción en la familia (1).

A los entierros no se llevan comidas como antiguamente; pero, el día del aniversario, la familia del muerto lleva a la sacristía dulces y vino para convidar a los curas y a las personas que asisten a los funerales.

Y durante un año, los domingos, mientras se celebra el sacrificio de la misa, la familia del muerto, le alumbra, colocando delante del altar una vela encendida: «la luz dominical.»

La oblada. El ramu

Esta costumbre consiste en una ofrenda que antiguamente era conducida detrás del cadáver por los parientes o amigos del muerto, depositándola después sobre la sepultura.

En Caravia, hasta hace 15 años, cuando moría un párvulo, sus padres ofrendaban ante el altar un pan que valía cincuenta céntimos, una botella de vino blanco y una gallina; esta ofrenda pasaba íntegra a manos del cura después de terminada la misa.

En la actualidad, cuando muere una persona ya adulta,

---

(1) Archivo de la casa de D.ª Emilia Argüelles de Argüelles. Legajo III, núm. 7. (Inventario.)—Caravia.

Fig. 64.—Manuel Sánchez Cerra (el *Fartín*), de 81 años de edad, a la puerta de su casa, sita en Caravia la Alta, contando cuentos al autor.

el domingo siguiente al entierro, llevan la ofrenda a la iglesia; pero ahora no se ven delante del altar como las hemos visto en nuestra juventud, las cestas con el rubio grano de trigo, las gallinas pugnando por romper las ligaduras que sujetaban sus patas, ni las pilas de doradas ristras de maíz. La ofrenda de hoy consiste en una cesta con tres *carriones* de pan, uno para el cura y dos para las ánimas, y son tantas cestas como parientes cercanos y amigos haya dejado el difunto. Cada ofrenda va acompañada de una vela que alumbra durante el sacrificio de la misa, y después de terminada ésta, los *carriones* que pertenecen a las ánimas, se venden en pública subasta delante de la iglesia; el producto lo recoge el cura para luego aplicarlo a misas.

Cuando los rapaces emigran a América, alguna madre recorre el pueblo pidiendo de puerta en puerta, hasta reunir la cantidad suficiente para ofrendar a la Virgen un *ramu.*

Este consiste en un armatoste de madera, a modo de pirámide cuadrangular truncada, de un metro cuarenta centímetros de alto. El día de la fiesta de la Virgen lo colocan sobre unas andas y después de cubrirle de *carriones* y adornarlo con cintas y pañuelos de seda, al son de una gaita y disparando cohetes, a hombros de cuatro mozos lo llevan a la iglesia y lo colocan delante del altar; algunos años hemos visto siete u ocho *ramos* alineados en la nave del templo; éstos son llevados en procesión detrás de los santos, y después de terminada la misa, el sacristán vende los *ramos* en pública subasta; cada uno tiene setenta o setenta y cinco *carriones* y suele valer cincuenta pesetas, cantidad que el sacerdote aplica a las necesidades de la iglesia.

Algunas personas, en vez de llevar un *ramo de carriones* llevan un ramito de laurel, que depositan a los pies de la Virgen y entregan al sacerdote el dinero que ganaron pidiendo por el pueblo.

El aguinaldo

Hasta hace muy pocos años, los rapaces pedían el aguinaldo el día de San Silvestre, por la noche, formándose dos grupos en Caravia la Alta y dos en Caravia la Baja. Provistos de sendos palos y un saco, recorrían el pueblo llamando de puerta en puerta y diciendo:

> Hoy es el día de San Silvestre,
> último día del año,
> aquí venimos, señores,
> a pedir el *aguilando*.

—¿Cantaremos, rezaremos, o qué haremos?

Si el dueño de la casa les mandaba rezar, lo hacían «por los difuntos de esta casa» y por las ánimas.

Y cuando les mandaban cantar, cantaban:

No hay tal andar
como andar a la una,
bien veréis al niño en cuna
que nació una noche obscura
en Belén, en un portal.

CORO

No hay tal andar
como buscar a Cristo,
no hay tal andar
como a Cristo buscar.

No hay tal andar
como andar a las dos,
bien veréis al niño Dios
derramar sangre por nos,
sangre digna derramó.

CORO

No hay tal andar, etc.

No hay tal andar
como andar a las tres,
bien veréis a San Andrés
que es uno de los tres
marineros por el mar.

CORO

No hay tal andar, etc.

No hay tal andar
como andar a las cuatro,
bien veréis al Espíritu Santo
que nos cubre con su manto
de los pies hasta el costado.

CORO

No hay tal andar, etc.

No hay tal andar
como andar a las cinco,
bien veréis al niño chico
corriendo tierras de Egipto
en busca de Cristo andar.

CORO

No hay tal andar, etc.

No hay tal andar
como andar a las seis,
bien veréis al justo Juez
que nos ha de ajusticiar
en la tierra y en el mar.

CORO

No hay tal andar, etc.

No hay tal andar
como andar a las siete,
bien veréis toda la gente,
lo menguante y lo creciente
en busca de Cristo andar.

CORO

No hay tal andar
como buscar a Cristo,
no hay tal andar
como a Cristo buscar.

El aguinaldo consistía en unas monedas de cobre o en una cestita de castañas.

El día anterior, en la escuela, cada grupo nombraba su «bolsero», quien se encargaba de recoger las monedas; las castañas las echaban en el saco, el cual era transportado por turno entre los *aguilanderos*. Y cuando se encontraba el grupo de Duyos con el de los Duesos, y el de Prado con el de Pumarín, se acometían para ver cuál quitaba las castañas al otro; dejárselas quitar era exponerse todo el año a sufrir en la escuela la burla del grupo vencedor; así es que todos se defendían con bravura, mientras se alejaba corriendo el que transportaba las castañas. Estas las cocían en el horno, en una casa, y allí se reunían las mocitas, a las cuales obsequiaban los rapaces con castañas y sidra, comprada con el dinero que habían ganado rezando y cantando de puerta en puerta; si sobraba alguna cantidad la repartían entre sí en porciones iguales.

El ijujú

Esta noche no hace luna
ni relumbran las estrellas,
el galán que tenga dama
procure mirar por ella.

¡Ijujú!

Este es el grito que después del canto lanzan al espacio los mozos de nuestras aldeas; en Caravia se llama *riflidu.*

El *ijujú,* dicen que es el ¡alerta! de los cántabros y de los astures, el grito enérgico y guerrero que tantas veces resonó antaño en nuestras montañas durante la lucha contra los invasores del suelo patrio, es el grito que hoy emplea el mozo rondador para anunciar su llegada a la novia y para despedirse de ella. Mientras el mozo se aleja entonando coplas amorosas y *riflando,* la novia le escucha atentamente desde la ventana o desde el corredor, hasta que el eco del último *riflidu,* se pierde en el castañar de Raxuela o en el prado del Otero.....

También el *ijujú* se emplea para retar al rival; cuando uno o varios mozos vuelven de rondar, suelen oir a lo lejos el *ijujú* retador:

—¡Ayayay! ¡ay!...... ¡ah! *¡ijujú!*

—¡Ay! ¡ah! *¡ijujú!*

—¡Ah, tú!

—¡Qué *quies!*

—¿Tienes miedo?

—Agora lo verás. ¡Ay! ¡ah! *¡ijujú!*

Y dirigiéndose frases de desafío en voz *mudada,* se van acercando unos a otros como se acercarían dos leones para luchar entre sí con el ardor de abrasadora llama.

Descienden rápidos a la llanura con el corazón lleno de cólera, atraviesan veloces el boscaje y se encuentran los rivales frente a frente; cada cual envuelve su chaqueta en el brazo izquierdo para que le sirva de escudo contra los palos, y recogiendo en el pecho todo su valor, se lanzan a la pelea; y saltando como lobos furiosos en las tinieblas o al claror de la luna, se disputan noblemente con un palo, el cariño de una moza. Entre el respirar jadeante de sus robustos pechos, y el chocar de los palos, suele oirse el chirrido de algún alcaraván o el graznido estridente y lúgubre de la *coruxa* que sale volando asustada de la covacha de un árbol viejo.....

Y cuando el vencido huye veloz a campo traviesa, el vencedor, emite con todas sus fuerzas el *ijujú* victorioso para que su novia le oiga, y canta con orgullo:

> ¡Señor San Pedro!
> No le pude dar más palos
> porque se marchó ligero.

¡Ijujú!

REFRANES

A la bolsa sin dineru, llámoi yo pelleyu.

Alábate borona, que no hay quien te coma.

Al roin res, el rabu i crez.

Agostu secu, castañes en cestu.

Cuantu más prisa, más vagar.

De pequeñu matu, non puede salir gran llebratu.

Después de vieyu, gaiteru.

Donde letres hablen, barbes callen.

Donde potros nacen, potres pacen.

El que pocu sabe, lluego reza.

El fumu y la mala cara, echen a la xente de casa.

El casau, casa quier.

El dineru tien el rabu nidiu.

El xelu tras del lloviu, la nieve hasta el pegollu.

El nenu muertu, y la peonía en güertu.

El trabayu del nenu e pocu, y el que lu pierde e tontu.

El que non tien papu non e guapu.

El que guarda, atopa.

El que quiera nabos, que vaya arrancalos.

El que munchu trabayó nunca güena vida tuvo.

E más malu de llenar el güeyu que el botiellu.

En cada tierra su usu y en cada rueca su fusu.

En Mayu, quemó la vieya el tayu.

En tierra moyada non des fesoriada.

En Febreru entra el sol en cada regueru.

Fai más el que quier qu 'l que puede.

Güe sueltu, bien se llambe.

Güe avezau, güelve al prau.

Hombre flacu y non de fame, líbrate de que te agarre.
Mordedura de escripión non espera confesión.
Mordedura de sacavera non espera encender una vela.
Non ve una viga en so güeyu y ve una paya nel ajenu.
Oveya que berra bocau pierde.
Pal que non quier, tengo yo abondo.
Peñerina nueva, bien peñera.
Quien primero va al molín, primero muele so copín.
Sardina que el gatu lleva, bien gandía va.
Trabayu fechu bien paez.
Una fartura tres díes dura.
Ya e vieyu 'l alcacer pa zamploñes.

AGRADECIMIENTO

Hemos de expresar aquí nuestro agradecimiento a la ilustre dama D.ª Emilia Argüelles de Argüelles, quien puso a nuestra disposición el importante archivo de su casa de Caravia, en el cual encontramos valiosos datos para enriquecer la información de este libro.

Muy agradecidos quedamos también a las señoras y señoritas que nos ayudaron a recoger en el concejo algunas de las canciones que figuran en estas páginas; he aquí sus nombres:

Doña Venancia Roza de Valle.

   »   Ubalda Garrido de Llano.

   »   Josefa Fuentes Uncal.

   »   Florentina Fernández Valle.

   »   Costanza Uncal.

Srtas. Isabel y María Josefa de Argüelles Armada.

   »   Elisa, Evangelina, Rosario y Josefina de Llano Garrido.

   »   Enriqueta y Sara Sánchez Pertierra.

   »   María Rivero Valle.

   »   Angelina y Aurora Uncal Sánchez.

   »   María Valle Seguí.

   »   Angelina Balbín Duyos.

   »   Pilar y Gloria Somoano.

   »   Julia, Anita y Elisa Montes González.

   »   Amalia Bada Sánchez.

   »   Enriqueta Uncal Díaz.

   »   María Suardíaz Collera.

   »   Anita Fano Mones.

GLOSARIO

DE LAS

PALABRAS BABLE EMPLEADAS POR NOSOTROS EN ESTE LIBRO (1)

Agüeyar.=Aojar.

Aguilando.=Aguinaldo.

Andecha =Servicio que se prestan mútuamente los vecinos para recoger los frutos y hacer otros trabajos, sin más sueldo que la comida de las doce.

Angazu.=Rastro de madera.

Aniar.=Mecer la cuna.

Añu.=Año.

Aquelos.=Aquellos.

Arrandar.=Sachar segunda vez el maíz, la patata, etc.

Arcín.=Erizo de mar.

Arronquccido.=Enronquecido.

Asperxar.=Rociar con agua bendita.

Ataes.=Atadas.

Atopar.=Encontrar.

Banzal.=Cajón de madera unido al *frayón* del molino, en el cual cae la harina al ser despedida por la fuerza centrífuga de la muela.

Barbes.=Barbas.

Bárganu =Palo.

Borona.=Pan de maíz.

Borrina.=Niebla.

Botiellu.=Morcilla hecha con el intestino grueso del cerdo.=Estómago.

Cabruñar.=Adelgazar el filo de la guadaña a golpes de martillo sobre una *yuncla* incada en tierra.

Cadexu.=Madeja de lino hilado.

Cachapu.=Cubeta de madera que los segadores llevan colgada de la cintura, con agua y la piedra para afilar la guadaña.

Calamiyeres.=Calamilleres.

Carrión.=Rosca de pan.

Coruxa.=Lechuza.

Cerra.=Cerro.

Cirbián.=Cipriano.

Conceyu.=Reunión de vecinos que hablan familiarmente.

Corales.=Los círculos de óxido que aparecen en los aros de las herradas y demás metales.

Cornal, les.=Correa con que se sujeta el yugo a los cuernos del ganado.

Coricies.=Abarcas.

Coxa.=Ubre.=Coja.

Coyida.=Acto de recoger el trigo, el maíz, etc.

---

(1)   Véase el *Vocabulario dialectológico* del concejo de Colunga, por D. Braulio Vigón.—Villaviciosa, 1896.

maíz y demás frutos.

Cuayada.=Cuajada.

Cuerria =Cerco de piedra de metro y medio de alto, que se hace en los castañedos para depositar en su interior los erizos mientras maceran.

Cuernu. = Cuerno. = Cajoncito de madera unido a la *monxeca,* que, movido por la *tarabica,* ceba la muela.

Cuña.=Tejido de varas en forma de artesa grande, que se pone sobre el llar, en el mismo plano que el desván, para curar nueces, castañas y avellanas.

Debagar.=Desbagar.

Desayáque. = Desde hace mucho tiempo.

Desigüau.=Descompuesto.

Díes.=Días.

Dixéronme.=Me han dicho.

Esberenar.=Esparcir con un palo la hierba del *marañu* para que seque.

Esboligar.=Resbalar.

Escripión.=Escorpión.

Esgolar.=Deslizar.

Espadar.=Espadillar.

España.=Estalla.

Esplena.=Paleta plana con agujeros, parecida a la espumadera.

Estaya.=En las labores del campo, sitio hasta donde llega en su faena la cuadrilla de *salladores,* segadores, etc.

Estorneya, yes.=Pasadores de madera que se emplean en lugar de botones.=Palo con que se sujeta el *manal* al yugo.=Palo atado al extremo del *sobeu.*

Estoyu.=Cajoncito colocado en un extremo del arca, destinado a guardar dinero y alhajas.

Estragal.=Planta baja de la casa,

cuyo suelo es de tierra.

Estru.=Material empleado para mullir la cama de las reses, tal como los tallos del maíz, árgoma, helecho, etc.

Esvilla.=Acto de deshojar las mazorcas de maíz; en algunos concejos, *esfoyaza;* en Tárano, *escapulla.*

Esvillador.=El que esvilla.

Esvillar.=Deshojar el maíz.=Sacar las castañas de los *oricios.*=Sacar las judías de las vainas.

Faciendo.=Haciando.

Faite.=Hazte.

Farrapes.=Gachas de harina de maíz.

Ferrada.=Herrada.

Fesoria.=Azada.

Fierru.=Hierro.

Figos.=Higos.

Fila.=Reunión de mujeres que se celebra en las noches de invierno para hilar.

Foguera.=Hoguera.=Función que se celebra por la noche en la víspera de una fiesta.

Fochigos. = Calostro.

Fornica.=Hornilla hecha en la pared, a la altura del llar, para recoger en ella la ceniza y conservar el rescoldo.

Fornu.=Horno.

Follicu.=Saco de cuero empleado para llevar el grano al molino y traer la harina.

Frayar =Triturar.=Herir las manos o los pies con un golpe.

Frayón.=Solera sobre la cual gira la muela del molino para *frayar* el grano.

Fusu.=Huso.

Gafura.=Ponzoña.

Gandir.=Comer.

Garrotiar.=Golpear con un palo

las espigas de trigo en la era para desgranarlo.

Garulla.=Conjunto de frutas con que se obsequia a las personas que toman parte en una *esvilla.*

Gorvieza.=Brezo.

Goxa.=Macona.

Guaxa. n. f.:=«Especie de buho.= Voz onomatopéyica de esta ave. =*Comer a un la guaxja.* fr. fig. Desmejorarse, perder la salud sin causa ostensible.» (D. Braulio Vigón. Diccionario citado). (1).

Güelu.=Abuelo.

Güertu.=Huerto.=*Cuerria.*

Güeyu.=Ojo.

Guiyada.=Aguijada.

Igüar.=Hacer, arreglar, componer lo roto.

Ingrientu, ta =Hierro, ladrillo o piedra puesta al rojo.

Les.=Las.

Lu.=Lo.

Llabiegu.=Arado.

Llana.=Lana.

Llebratu.=Lebrato.

Llechi.=Leche.

Llendar.=Cuidar de que el ganado que pace en una heredad no traspase los linderos de ésta.

Llinu.=Lino.

Llobu.=Lobo.

Magüestu.=Acto de *magostar* castañas.

Magostal.=Sitio donde se hace el *magüestu.*

Magostar.=Asar castañas, en una hoguera, en el campo.

Machica.=Un mazo cilíndrico enmangado por una de las bases, con el cual se quebranta el lino.

Manal.=Vara retorcida en forma de ocho, con la cual se une el yugo al arado y a la grada.

Manes.=Manos.

Mantega.=Manteca.

Marañu.=Lista de hierba cortada que el segador va dejando detrás de sí.

Mayar.=Majar.

Mayu.=Mazo de madera para majar.

Mazorca.=Husada o porción de lino hilado que cabe en el huso.

Mecer.=Ordeñar.

Melenes.=Pieles con que se cubre la cabeza de las vacas cuando están uncidas.

Mesar.=Sacar con los dedos las fibras del copo de lino cuando se está hilando.=Arrancar la hierba seca de la pila.

Mesories.=Dos palos de 75 centímetros de largo, con los cuales se hace la recolección del trigo, arrancando con ellos las espigas.

Miriar.=Estar el ganado en el *mosquil.*

Molín.=Molino.

Moscardu.=Tablita con púas que llevan los terneros sobre el hocico para que no puedan mamar a las vacas en el campo.

Monxeca.=Tolva.

Mosquil.=Sitio donde se reune el ganado para *miriar* y librarse de las moscas.

Nidiu.=Pulido y suave al tacto.

Nin =Ni =Niño.

Oriciu.=Erizo de la castaña.

Panoya.=Mazorca.

Papu.=Bocio.=Carrillo.

---

(1) Al hablar de la *Guaxa* en el texto (pág. 179), no sabíamos que ese nombre es el que se da en Colunga a una «especie de buho»; en este sentido y con esta nota, tenemos mncho gusto en ampliar aquel texto, sin que por eso quede rectificado el concepto que la tradición popular atribuye a la *Guaxa.*

Parra.=Pila de erizos cubierta con árgoma para que maceren las castañas y se pongan en condiciones de ser *esvilladas.*

Paxu.=Cesta grande, circular, de varas sin pulir.

Pegollu.=Cada una de las columnas que sostiene el hórreo.

Pelleyu.=Pellejo.

Pellovios.=Sitio donde cae el agua de las tejas del tejado.

Peñera.=Cedazo.

Pernera.=Pernil, 2.ª acep.

Ponei.=Ponerle.

Ponxa.=Granza o residuo de las cajitas donde se cría el trigo y la linaza.

Quies.=Quieres.

Rabuya.=Esteva del arado.

Ratu.=Ratón.

Rastrar =Gradar.

Rastru.=Grada.

Regoletase.=Revolcarse.

Remielgos.=Cosquillas.

Restiella.=Rastrillo.

Retalía.=Comadreja.

Riestra.=Ristra.

Riestru.=Asiento circular formado con las ristras de hoja de maíz.

Riflar =Ulular, gritar *¡ijujú!*

Riscarel alba.=Albor, rayar el alba.

Rocada.=Porción de lino que ponen en la rueca para hilar.

Roin.=Ruín.

Ronquiella.=Carraca.

Roqueru.=Rocadero.

Rosada.=Escarcha.

Rosca.=Torta de harina de maíz.

Rozu.=Árgoma.

Sábanu.=Sábana destinada a mortaja.

Salives.=Salivar.

Sallar.=Sachar.

Salladores, ras.=Sachadores.

Sallu.=Participio pasivo de *sallar.*

Segota.=Hoja pequeña de hierro, recta, clavada al extremo de un palo de 40 centímetros de largo; se usa para segar maíz, alcacer, etcétera.

Sobeu.=Correa con que se ata el carro al yugo.

Tarabica. = Tarabilla. =Citola del molino.

Tarrañueles.=Castañuelas.

Tarucu.=Parte dura que queda de la mazorca de maíz después de desgranarla.

Tayu.=Tajo.=Pedazo de madera gruesa que sirve para tapar la boca del horno.=Madero sobre el cual se quebranta el lino.=Madero sobre el cual se parte la leña.

Tayuela.=Tajuelo.

Tórzanu.=Aparato giratorio de madera, del cual se cuelgan las *calamiyeres.*

Valir =Valer.

Vasadoiro.=Arado de dos ruedas que se usa en el Occidente de Asturias; es igual al arado de dos ruedas que encontraron los romanos en las Galias.

Xelu.=Hielo.

Xente.=Gente.

Xunclu.=Junco.

Yuncla.=Yunque.

Zamploña.=Zampoña.

INDICE